FEDERICO SEVERINO

# L'AMORE CHE MERITO

Sperling & Kupfer

Le informazioni contenute in questo libro non intendono sostituirsi al parere professionale del vostro medico curante. L'utilizzo di qualsiasi informazione qui riportata è a discrezione del lettore. L'editore e l'autore declinano qualunque responsabilità diretta o indiretta derivante dall'uso o dall'applicazione di qualsivoglia indicazione riportata in queste pagine. Per ogni problema specifico si raccomanda di consultare uno specialista.

Pubblicato per

Sperling & Kupfer

da Mondadori Libri S.p.A.

L'AMORE CHE MERITO

ISBN 978-88-200-8228-4

I Edizione maggio 2025

Anno 2025-2026-2027 - Edizione 2 3 4 5 6 7 8 9 10

# Indice

# Cosa aspettarti dalle prossime pagine

Amore: concetto astratto o parte concreta della nostra vita?

Ne hanno scritto poeti, scrittori, psicologi, filosofi, chimici, spesso per spiegarlo ma anche per capirlo. A rendere l'amore un tema così ampiamente trattato non credo sia il fatto che tutti nella vita lo sperimentiamo, ma quella sua caratteristica unica: ci può fare essere immensamente felici o immensamente tristi. E tutti coloro che si interrogano sulle relazioni sentimentali, almeno in parte stanno cercando di rispondere alla stessa domanda: come prendere la parte bella, quella che rende felici, ed evitare la sofferenza?

Anch'io mi sono posto questa domanda, molti anni fa. Gli esseri umani imparano per due motivi: ispirazione o dolore, e nel mio caso a spingermi in cerca di nuove consapevolezze è stato il secondo.

Ero ancora molto giovane e mi ero ritrovato davanti alla prima grande delusione della mia vita. Non saprei dirlo in altri termini: avevo il cuore spezzato per una ragazza. Ho attraversato tutte le tipiche fasi dell'innamorato che soffre, mi sono chiesto cosa avessi sbagliato, dove avessi fallito. Mi focalizzavo sull'altra persona, tormentandomi e mettendo in discussione me stesso, vedendomi in maniera negativa.

Mi dicevano: «Il tempo guarisce tutto» e «Fa male, ma il dolore poi passa». Capivo che c'era una parte di verità in questo ragionamento: era vero, il tempo avrebbe fatto passare il dolore, ma non potevo accontentarmi di quello, io volevo fare qualcosa di più, perché affidarmi al tempo non mi avrebbe dato garanzia sul futuro. Se qualcosa non fosse cambiato in me, avrei potuto ritrovarmi in una situazione analoga, ancora una volta ferito.

E comunque, il tempo non «guarisce»: piuttosto fa dimenticare, sfuma il ricordo, ma non risolve il problema che è stato causa del dolore. Inoltre dimenticare significa cancellare, mentre crescere richiede la capacità di fare del nostro passato uno strumento, un insegnamento che ci renda pronti ad affrontare il futuro. Quindi dimenticare ci priva della possibilità di crescere. Al contrario, rielaborare e affrontare il dolore ci permette di usare l'esperienza negativa per evolvere e diventare meno vulnerabili.

Questa riflessione ne ha smossa un'altra. Ho smesso di puntare il dito su di lei e ho rivolto lo sguardo verso me stesso. Concentrarmi sulla persona che mi aveva fatto soffrire e continuare a vederla come causa della mia infelicità non mi avrebbe portato da nessuna parte, perché le persone non si cambiano e quella ragazza comunque non faceva più parte della mia vita. Più efficace sarebbe stato cercare di lavorare sulla persona che ero e capire cos'era andato storto.

Per farlo ho studiato tutto ciò che ho trovato sull'argomento – c'è un numero davvero infinito di testi – mi sono documentato, ho riflettuto, ho preso tantissimi appunti e ho parlato con molte persone. Ho continuato a studiare e non ho più smesso.

Durante i mesi del Covid ho cominciato a condividere le mie riflessioni sui social. Mi veniva abbastanza naturale, perché ero abituato a discutere e a confrontarmi con tantissime persone, per quello che allora era il mio lavoro. Nella solitudine dell'isolamento, attraverso lo schermo di un telefono mi sono semplicemente rivolto a chiunque avesse voglia di ascoltarmi, parlando di quell'argomento che stavo approfondendo con tanta passione. Ho cercato di dare agli altri quelle risposte che io avrei voluto sentire qualche anno prima, quando ero solo un ragazzo con il cuore a pezzi. Ho cercato di trasmettere un pensiero positivo, un conforto, un'attenzione a chiunque ne avesse bisogno.

Tutto questo percorso mi ha regalato un drastico cambio di prospettiva: ho finito per vedere quel dolore causato dalla relazione finita come la più grande opportunità della mia vita. Ho provato gratitudine per quella ragazza e per ciò che era accaduto. Mi ha spinto al cambiamento e ha condizionato la mia vita da lì in avanti. Da quel momento la mia vita è cambiata. E tutto è iniziato con quella promessa che avevo fatto a me stesso, quando mi ero detto che mai più avrei sofferto in quel modo per amore.

In queste pagine vi racconterò cosa ho scoperto.

**“ Se l’altro ti tratta come se fossi niente... diventa nulla nella sua vita. Andandotene. ”**

# Tre pilastri per l'amore vero

Come fare un passo verso l'amore sano, quello che rende felici?

La risposta è semplice e complicata allo stesso tempo. Tutto dipende da quelli che io definisco *i tre pilastri dell'amore*, elementi su cui è importante avere le idee chiare, perché non stiamo parlando di qualcosa che capita a chi è fortunato, che troviamo un giorno semplicemente grazie all'incontro giusto e magari a un colpo di fulmine. Non sarà la vita a metterci davanti alla persona giusta, in modo che per noi sarà sufficiente incrociare il suo sguardo per vivere «per sempre felici e contenti».

No, la strada che ci porterà a trovare l'amore comincia dentro di noi, non fuori. E richiede da parte nostra un lavoro su noi stessi.

Quindi ti chiedo di seguirmi e rivolgere prima di tutto

lo sguardo verso di te, riflettendo sui tre elementi che sto per presentarti.

## 1. Autostima

È fondamentale avere una buona stima di sé per vivere un amore sano, oltre che per capire chi si è e trovare la propria persona.

L'autostima è la capacità di resistere a quell'inganno del mondo per cui saremo felici solo riuscendo a essere i migliori in tutto, sempre. Per sottrarsi a quell'illusione è necessario diventare consapevoli del fatto che ciascuno di noi ha talenti specifici, unici, passioni e interessi che possiamo riconoscere perché ci riescono bene e ci fanno stare bene.

Avere autostima significa quindi coltivare parti di noi per raggiungere quella felicità che molti cercano fuori comprando cose, chiedendo l'approvazione altrui, omologandosi a modelli imposti da altri. È una cosa che riguarda solo noi, legata al momento in cui individuiamo i nostri obiettivi e riusciamo a dare un senso alla nostra esistenza.

No, non ha nulla a che vedere con le relazioni o con la sensazione di essere amati, e riguarda il rapporto con gli altri solo indirettamente: autostima è costruire un'immagine di noi stessi così come ci piace, consapevoli del fatto che quella persona è la stessa che presenteremo al mondo, e l'immagine che diamo condiziona il modo in cui gli altri si relazioneranno a noi. Se non ci piacciamo e non ci rispettiamo, stiamo suggerendo lo stesso atteggiamento anche alle persone che si interfacciano con noi.

Attenzione, però: l'autostima è anche una sorta di termometro interno. Le scelte giuste la fanno crescere, quelle sbagliate la fanno abbassare, suggerendo così di cambiare qualcosa, di prendere l'iniziativa e muovere il cambiamento.

**Guardandoti allo specchio,**
**vedi una persona che ti piace, che stimi, che ammiri?**

**“ Dai valore a te stesso, perché non te lo darà nessun altro. ”**

# Esercizio

**Scrivi qui, o su un foglio di carta, tre cose che ti riescono bene.**

**Scrivi tre tuoi successi.**

**Scrivi tre qualità che ti rendono orgoglioso.**

## 2. Comunicazione

L'essere umano è un animale sociale, costretto dalla sua stessa natura a vivere in gruppo. La comunicazione è nata proprio in questo contesto, per permetterci di scambiare informazioni utili a non essere divorati dai predatori, ma anche per conoscerci meglio, superare i conflitti e riuscire a mantenere coesa la comunità. La comunicazione nasce per capirsi, non per definire da che parte stava la ragione.

**L'aver ragione non ha senso:**
**nessuno vince, nessuno perde.**

Ricordi la storia di Cappuccetto Rosso, divorata dal lupo insieme alla nonna e poi salvata dal cacciatore? Chi aveva ragione? La bambina che attraversava il bosco con la merenda nel cestino, o il lupo affamato in cerca di qualcosa da mangiare per non morire di fame? Se ci pensiamo, risulterà evidente che la chiave di tutto è la comprensione reciproca.

Oggi molte cose sono cambiate nella società, ma comunicare resta fondamentale, nella vita in generale e nelle relazioni. La comunicazione permette di capire chi è la persona che abbiamo davanti, per stabilire se ti piace, se è quella giusta per te. In un secondo momento comunicare è fondamentale per non sabotare il rapporto: più e meglio comunichiamo, più basse saranno le possibilità di creare fratture, malintesi, incomprensioni.

Ovviamente, conoscere sé stessi è il presupposto per riuscire ad argomentare il proprio punto di vista senza inciampare negli infiniti errori possibili di una comunicazione non funzionale. Possiamo avere ragione ed essere nel giusto, ma se non riusciamo a comunicarlo ci ritroveremo comunque a soffrire.

Saper comunicare ci mette nelle condizioni di chiedere ciò di cui abbiamo bisogno, di definire confini, di non permettere al mondo di ferirci.

Nelle relazioni umane accade comunque che ci si faccia male a vicenda, anche senza volerlo. Accade di sbagliare, di inciampare in malintesi e incomprensioni: la comunicazione è lo strumento che ci permette di superare queste difficoltà.

**Sai spiegare davvero le tue opinioni e il tuo punto di vista, anche raccontando con onestà ciò che provi?**

# Esercizio

Ti propongo un esercizio mirato alla comunicazione. Quando ti trovi coinvolto in una discussione e ti fai prendere dall'emotività, potresti alzare la voce oppure, al contrario, chiuderti in te. In entrambi i casi significa che non stai riuscendo a comunicare al meglio.
Prenditi del tempo e aspetta di ritrovare la tua tranquillità. Poi scrivi qui sotto, o su un foglio di carta, le tue ragioni e il tuo punto di vista.

## 3. Scelta consapevole

Dobbiamo conoscere quali sono i valori e la visione del mondo della persona che abbiamo al nostro fianco, e comprendere se sono anche i nostri. A quel punto, ecco la decisione più importante: condividere una progettualità comune. Scegliere chi vorremmo al nostro fianco.

Spesso l'amore ci viene raccontato come qualcosa che capita, fuori dal nostro controllo, una forza che arriva quasi per magia. Questo modo di vedere le cose rischia di farci dimenticare che noi non perdiamo mai la possibilità di scegliere. Scegliamo chi vogliamo al nostro fianco, ma anche come pretendiamo di essere trattati e cosa riteniamo inaccettabile. Siamo noi che scegliamo di meritare l'amore e di essere felici.

**Hai scelto davvero cosa vuoi nella tua vita?**

# Esercizio

**Per scegliere, devi conoscere i tuoi valori, perché veniamo attratti sempre dalle persone simili a noi. Elenca qui sotto, o su un foglio di carta, 5 cose per te davvero importanti. Scegli tu cosa conta: famiglia? Figli? Carriera? Viaggi?**

**1.** ______________________________

______________________________

______________________________

**2.** ______________________________

______________________________

______________________________

**3.** ______________________________

______________________________

______________________________

**4.** ______________________________

______________________________

______________________________

**5.** ______________________________

______________________________

______________________________

## Perché proprio tre?

Tre pilastri, quindi. È importante che ci siano tutti e tre. Ho conosciuto persone con un'ottima autostima che però non erano capaci di comunicare i propri sentimenti e il proprio punto di vista. Altri sapevano comunicare ma non credevano davvero di meritare amore e rispetto. Altri ancora non riuscivano ad affermare che certi comportamenti e certe dinamiche non erano corretti per loro e subivano passivamente relazioni infelici.

Ti faccio notare un punto importante: molte persone, uscendo da una storia d'amore infelice e decidendo di proiettarsi nuovamente verso il futuro, cercano aiuto in quel genere di manuali che promettono di spiegare le dinamiche dell'amore, del corteggiamento, delle relazioni, che sostengono di poter spiegare come funzionano le donne e gli uomini, magari suggerendo strategie.

Parleremo più avanti di strategie, ma qui vorrei mettere in chiaro che ciò che conta davvero siamo noi, prima di qualsiasi altra cosa.

«Proprio tre, i pilastri?» potrebbe chiedere qualcuno. «Non uno di più o uno di meno?»

Durante i miei anni di studio ho letto tantissime teorie differenti, opinioni, punti di vista, riflessioni che portavano a conclusioni diverse. L'elenco di ciò che serve per ritrovarsi coinvolti in una relazione d'amore sana potrebbe essere molto più lungo, ma la mia esperienza, vissuta in prima persona e consolidata in tanti anni trascorsi ad ascoltare storie di persone che si rivolgevano a me, suggerisce che proprio questi tre sono fondamentali.

E dopo aver riflettuto su autostima, comunicazione e scelta possiamo arrivare a farci una domanda importante...

## Cos'è l'amore vero?

Potremmo controllare cosa dice il dizionario, e poi ciascuno darebbe una risposta leggermente differente. Qui vorrei attirare l'attenzione sul fatto che ci stiamo interrogando sull'amore vero, quello sano, che ci rende felici, appagati, sereni.

A me piace pensarlo come il perfetto equilibrio tra due parti di noi molto differenti tra loro, quella *emotiva* e quella *razionale*. L'amore vero le coinvolge entrambe. Riguarda l'innamoramento inteso come uno stato alterato di coscienza in cui siamo felici e abbiamo alte dosi di serotonina in circolo, sorridiamo senza motivo e nulla ha più importanza perché desideriamo solo trascorrere del tempo con lui o con lei. Ma riguarda anche ciò che possiamo capire di noi stessi, la nostra capacità di prendere decisioni e riflettere su ciò che ci sta accadendo.

La parte emotiva e la parte razionale non sempre vanno d'accordo, e posso farti un esempio: se ti innamori perdutamente di una persona già impegnata, la parte emotiva urla: «La amo» mentre la parte razionale sa bene che ti stai mettendo in una situazione da cui difficilmente uscirai bene.

Ma torniamo alle due parti. Per quanto riguarda la prima non c'è molto che si possa fare, perché coinvolge e muove processi che sfuggono completamente al nostro controllo. Sì, l'amore è anche chimica, un processo inspiegabile e ingovernabile. Posso però aiutarti a capire meglio la tua parte razionale, quella che ti permette di costruire una solida base a partire dalla quale potrai vivere e lasciarti andare all'amore senza ritrovarti in dinamiche poco funzionali e dannose.

Io ti aiuterò proprio su questo punto. Molto di quello che racconterò nelle prossime pagine è legato ai tre pilastri che abbiamo appena visto: autostima, comunicazione e scelta. A partire da questi ti accompagnerò in un viaggio il cui obiettivo è sviluppare la tua consapevolezza. Quando farai una nuova conoscenza avrai gli strumenti per avvicinarti all'amore senza permettere ai sentimenti di distruggerti. Lavoreremo su di te affinché tu non rischi più di soffrire e possa aspirare a raggiungere l'amore vero.

## Quindi, come andare verso l'amore vero?

Questo paragrafo in realtà avrebbe potuto chiamarsi «Come costruire un nuovo te o una nuova te».

Esatto, parliamo di te.

Per capire perché ciò sia necessario ti devo raccontare la mia esperienza in merito. Ho incontrato tantissime persone per cui l'amore è sofferenza. Ne sono sinceramente convinte, dal momento che questa è l'esperienza che hanno fatto per tutta la vita, e non mettono in dubbio questa loro personale verità. Sono così certe che la sofferenza sia connaturata all'amore da non arrivare neppure a sospettare che non si tratti di una legge naturale delle cose, quanto di una loro inconsapevole scelta.

Esatto, hai letto bene: scelta.

**Il passato condiziona il presente e il futuro, almeno finché non ne diventiamo consapevoli.**

Hanno attraversato relazioni sentimentali difficili perché è così che le hanno sempre viste e intese. Mi riferisco per esempio a quelle donne che sono state tradite, magari più di una volta, e quindi «non posso fidarmi degli uomini perché sono tutti traditori».

Altre persone identificano l'amore «vero» con le relazioni costruite su estremi: ci si cerca, ci si lascia, ci si dispera per poi ritrovarsi, in un continuo dramma. E allora affascinano gli uomini misteriosi, quelli che non sembrano affatto cercare storie perché lasciano immaginare che possano essere «salvati» dai loro demoni interiori…

L'amore è vero quando si dimostra più forte di ogni altra cosa, trionfando su infiniti ostacoli. Ma è davvero così? Per essere amore deve per forza esserci tormento?

Spesso questo è l'amore che viene raccontato nei libri e nei film, e in effetti se così non fosse la storia sarebbe infinitamente noiosa. Ma la realtà è un'altra cosa. Anche in questo caso è il passato che potrebbe averci condizionato: chi nella propria vita ha imparato che le relazioni forti sono quelle che si nutrono di dramma tende a replicare questo schema.

Se anche tu pensi che amore = sofferenza, devo avvisarti: sono tutte le scelte sbagliate che hai preso nel tempo che ti fanno soffrire. Ma questa non è la natura dell'amore.

Basta guardarsi intorno per scoprire che ci sono anche persone che dall'amore ricevono felicità, e sono certo che ciascuno di noi conosce tantissime coppie felici, che vivono relazioni definite «da favola». Sostenere che siano solo state più fortunate di noi è una scusa per non metterci in discussione e cambiare. Ammetterlo non è semplice, ma chi trova il coraggio riceve poi un'enorme ricompensa: la possibilità di vivere l'amore felice.

Qualcuno ora penserà: tutto questo è vero, ma non completamente. Ci sono situazioni in cui non possiamo fare nulla, perché non abbiamo tutto sotto controllo: se ci innamoriamo di qualcuno che non ricambia i nostri sentimenti di certo non possiamo costringerlo ad amarci. E non possiamo neanche disinnamorarci a comando, d'accordo, ma restiamo comunque padroni delle nostre scelte e delle nostre decisioni. Possiamo diventare consapevoli di ciò che non ci fa bene e comportarci di conseguenza. Non abbiamo controllo sul mondo intero, ma abbiamo il controllo sulla nostra vita e su ciò che decidiamo di fare. Non dico che sia semplice, dico che è possibile.

Prima di continuare, però, voglio metterti in guardia su un altro possibile equivoco. Non dobbiamo neppure commettere l'errore opposto, idealizzando l'amore e vedendolo per ciò che non è, ovvero una fiaba romantica dove tutto è semplice e accade naturalmente, senza alcun nostro coinvolgimento.

«L'amore va vissuto con naturalezza» mi hanno sempre detto in molti. Vi incoraggio a pensare al lavoro: non lo vivrete assolutamente così come viene, e lo stesso vale anche nelle relazioni di amicizia o famigliari. Quando qualcosa per noi è importante, dovremmo essere pronti a impegnarci affinché tutto funzioni.

All'amore dobbiamo arrivare preparati, perché l'amore non vince su tutto. Richiede un impegno costante, giorno dopo giorno, altrimenti anche il sentimento nato nelle condizioni più favorevoli rischia di avere vita breve. È una scelta quotidiana, che non si esaurisce neppure quando la relazione diventa stabile. Anche dopo aver trascorso una vita insieme, l'amore che unisce due persone continua a richiedere impegno, perché la vita ci pone davanti a continue sfide; molte cose cambiano, noi cambiamo e con noi gli equilibri della relazione.

Autostima, comunicazione e scelta restano punti cardine, sempre. Non siamo fatti per stare fermi, mai. Nessuna delle nostre cellule oggi è la stessa di anni fa. Il nostro corpo muta costantemente e noi evolviamo come persone; pensiamo a come eravamo cinque o dieci anni fa: quante decisioni differenti prenderemmo, oggi? Tantissime. Miglioriamo o peggioriamo, ma non restiamo identici, e questo riguarda inevitabilmente anche la coppia, che in fondo è fatta da due persone. Anche la relazione muta costantemente e richiede un continuo aggiustamento dell'equilibrio.

Comprenderlo e accettarlo è una scelta.

**Possiamo decidere di accettare che «amore» è quello stato di grazia in cui ci sono anche giorni bui, ma noi restiamo consapevoli insieme alla persona al nostro fianco che affronteremo qualsiasi cosa accada.**

L'amore è quella dinamica in cui possiamo essere noi stessi, nel bene e nel male, consapevoli del fatto che ci capiterà di commettere errori perché siamo esseri umani, ma che l'altra persona sarà pronta ad ascoltare le nostre ragioni e a perdonarci. Se non fosse così, non avrebbe senso parlare di autostima, comunicazione e scelta.

Possiamo anche decidere che non è amore la relazione in cui l'altra persona ci chiede di cambiare o ci giudica, ci frena, ci convince che non siamo meritevoli di amore, ci costringe a vivere nel dramma, ci sminuisce. Distinguere cos'è amore da cosa invece non lo è, è la prima importantissima scelta che possiamo fare.

Credo che concorderai con quello che ho scritto fino a qui. E penso anche che qualcuno in questo momento stia pensando: hai ragione su tutto, eppure io sto comunque male.

Questo ci porta alla grande domanda che tante volte mi sono sentito rivolgere…

# Dimenticare e rielaborare

Ma, Fede: come faccio a dimenticare una persona che ho amato e che non c'è più?

Come ho già detto, non devi dimenticare, perché dimenticare significa eliminare e privarsi della possibilità di migliorare. Anzi, dimenticare non è proprio possibile, perché ogni cosa che viviamo lascia in noi un segno e ci condiziona. Siamo la somma degli eventi che ci sono accaduti in passato, siamo ciò che abbiamo imparato dai nostri errori. Ho già accennato alla mia storia personale, raccontando come una delusione d'amore mi abbia portato a essere l'uomo che sono oggi. Non sarebbe stato possibile se avessi semplicemente dimenticato ciò che mi aveva fatto soffrire.

Inoltre, più ti sforzi di non pensarci, più il ricordo di quella persona occuperà spazio nella tua testa. Comincia a vedere la tua esperienza da una prospettiva diversa, come un percorso finito «male» che si è comunque rivelato prezioso per la tua crescita. Abbandona l'idea di dimenticare ed entra nell'ottica di *rielaborare.*

«Sì, ma il dolore non passa.»

È un malinteso, quello per cui confondiamo dolore e sofferenza. Per capire meglio questo concetto bisogna riferirsi alla curva del dolore, che ci permette di comprendere perché a volte neppure il tempo ci permette di ritrovare la serenità e di lasciarci alle spalle certe delusioni.

Pensa da quanto tempo soffri; magari è capitato di recente, e queste parole suonano come se fossero rivolte direttamente a te. Hai subito un tradimento, vissuto una grave delusione, o in generale c'è stato un avvenimento che ti ha causato dolore e sconforto. Ovviamente mi riferisco a ciò che può essere accaduto nell'ambito di una relazione sentimentale, ma non solo.

Cosa succede? Ogni giorno ti senti peggio, ti svegli svuotato dalla voglia di vivere, magari le tue passioni sono spente, non riesci più a provare emozioni. Il dolore è di un'intensità tale da cancellare tutto il resto, e continua a crescere finché arriva al suo picco massimo. Diverse persone mi hanno descritto questo picco, identificandolo con momenti precisi, istanti indelebili nella memoria: «Stavo guidando e ho dovuto accostare perché non ero più lucido» oppure: «Stavo facendo dei lavori e mi sono dovuto sedere un attimo a prendere fiato perché mi girava la testa». Il dolore è fisico, insostenibile, non lascia spazio ad altro. È l'apice di quella che potremmo chiamare «sindrome da cuore spezzato».

Dentro senti solo un grande vuoto occupato dai frammenti di qualcosa che è finito, irrecuperabilmente rotto in mille pezzi. Quindi ci stai lontano, eviti di rivolgere l'attenzione a te stesso, e invece rivolgi lo sguardo fuori da te e ti concentri su ciò che non è andato, sui tuoi presunti errori. Lo fai mosso dall'errata convinzione che questa sia una risposta razionale. Cerchi di non vedere la devastazione che senti dentro e metti in funzione la testa per riflettere e capire.

Questo ti porta a sentirti responsabile di ciò che è accaduto, prendendoti colpe anche per aspetti della relazione che non dipendevano da te. Succede perché spesso la nostra mente... mente, proponendoci bugie che ci si ritorcono contro. Ha bisogno di risposte, e piuttosto va a cercarle anche dove non è possibile trovarle, perdendosi in vicoli ciechi che non portano certo alla serenità, anzi. Ti ritrovi preso in un vortice di negatività completamente fuori controllo.

Ma il nostro corpo è una macchina perfetta, e quando arrivi al picco massimo entra in funzione un meccanismo protettivo che non ti permette di soffrire così tanto per così tanto tempo. Non puoi farlo, fisiologicamente.

Quindi cosa succede? Cosa fa il tuo corpo?

Ogni giorno andrà sempre meglio, inizierai a sentirti più leggero, magari capiterà di tornare a ridere, riprenderai i tuoi hobby, ritroverai le tue passioni. Superato il picco, il dolore si attenua e si fa più lieve. È una reazione naturale; semplicemente accade.

Dentro di te potresti esercitare il *kintsugi*, la trasformazione in arte di qualcosa che si è rotto. Rimetti insieme i cocci, passando le crepe con polvere d'oro, e quello che avrebbe potuto essere un limite diventa invece un punto di forza. Le cicatrici e le fratture sono qualcosa di prezioso che ci rende unici.

Oppure, al contrario, potresti decidere di non superare la sofferenza. Più o meno consapevolmente potresti intervenire per alimentarla. Quello che proverai non sarà più il dolore iniziale ma un meccanismo della mente che ti riporta alla persona, ai fatti vissuti, al trauma. Ci torni, rimuginando su ciò che è accaduto, tormentandoti con ricordi, riflessioni, pensieri, infiniti dialoghi interiori, domande.

Se provi disagio per una relazione finita anni fa, fidati: non è più dolore ma sofferenza. È qualcosa su cui hai il controllo e che nasce dentro di te, al contrario del dolore che invece è inevitabile e arriva da fuori.

**È dolore quello causato dalla persona che amavi, quando ha scelto di tradire.**
**È sofferenza quella che causiamo noi, tornando continuamente lì con i pensieri.**

**Coltiviamo, ingigantiamo il nostro malessere**
**che si alimenta di invidia, rancore, voglia di vendetta.**
**Si rinforza con tutti quei pensieri limitanti**
**che ti fanno del male, ritorcendosi contro di te.**

Può sembrare strano, addirittura incredibile, il fatto che ci autoinfliggiamo del male, eppure è così. Scoprendo come si crea la sofferenza ti sembrerà tutto più chiaro.

La sofferenza è alimentata da:

- La memoria, cioè i tuoi pensieri che tornano al passato, ai momenti in cui sei stato felice, contrapposti a quelli in cui hai provato dolore.
- Il desiderio di mantenere il controllo, e allora andrai a vedere i social, e tutto questo significa cercare di mantenere un contatto.
- La rabbia, che prende spesso la forma di un desiderio vendicativo di vedere soffrire la persona che ti ha fatto soffrire, come se i vostri destini fossero ancora intrecciati.
- Ciò che ripeti a te stesso e agli altri, la tua narrazione che ti vede come vittima, le convinzioni che non puoi mettere in discussione.
- Dalle tue credenze limitanti, dalla convinzione di non meritare qualcosa.

Tutti questi meccanismi negativi – direi anche distruttivi – sono strumenti per sentirsi legittimati a mantenere un legame, un contatto con la persona che non c'è più. Anche dire: «Mi ha fatto del male, deve chiedere scusa» è una giustificazione che ci raccontiamo per non lasciare andare una persona che però non fa più parte della nostra vita.

«Mi ha tradito, mi ha fatto del male, devo vendicarmi» mi sento dire.

«No, lascia stare. Non serve a nulla» rispondo.

Impara a riconoscere quelle strategie che ti permettono di tornare alla persona che hai perso, per diventarne consapevole e non alimentare la sofferenza. Le intenzioni fanno la differenza, e se è chiaro che la vendetta in fondo serve solo a quello – no, non ti sentirai meglio dopo averlo ferito… – in altri casi la situazione è ambigua. Ti faccio un esempio: l'amico che continua a parlare della ex lo fa per superare quello che è accaduto, oppure sono solo chiacchiere che lo riportano ai tempi in cui stavano insieme, alimentando la sofferenza con frasi tipo «È una str***a»?

Parlare per fare gossip o parlare con un amico per aiutare a fare chiarezza dentro di sé e poi andare avanti sono due cose diverse. Ti do un suggerimento, per distinguere le due situazioni: chiediti quante volte hai ripetuto la stessa frase, negli ultimi trenta giorni. Se continui a ripetere la stessa frase, è gossip: non stai rielaborando, vuoi solo tornare lì.

Tantissime persone sono imprigionate nella sofferenza, perché non riescono a distinguere ciò che è fuori dal loro controllo rispetto a ciò che possono controllare.

«Non posso fare altrimenti, soffro troppo e non ho la forza per smettere di alimentare la sofferenza» dirà qualcuno. E io rispondo che è vero: è doloroso, devastante, ma quel dolore va affrontato, proprio per lasciarselo alle spalle. E la sofferenza non ci aiuta a farlo, anzi; ci dà un piccolo sollievo immediato, ma ci trattiene lì, compromettendo il benessere a medio e a lungo termine.

Sì, bisogna farsi un po' di forza, lasciare la sofferenza e permettere che il dolore faccia il suo corso, vivendolo pienamente. Su questo fronte posso aiutarti io, per permetterti di capire che hai la possibilità di cambiare e migliorare le cose.

**“ Se non ti chiama, non ti cerca, non c’è per te, ti sta facendo un favore: sta uscendo dalla tua vita… ”**

## Esercizio

Dici che il dolore non passa, allora io ti faccio alcune domande alle quali devi rispondere onestamente.

Davvero non c'è modo di concederti qualcosa di bello, oggi? Perché?

______________________________________________

______________________________________________

Il tuo dolore ti sta portando da qualche parte?

______________________________________________

______________________________________________

Al partner, che questo dolore l'ha causato, importa qualcosa di ciò che provi?

______________________________________________

______________________________________________

Non ti devi almeno un tentativo di riportare nella tua vita un piccolo spiraglio di felicità?

______________________________________________

______________________________________________

# Cosa è davvero in nostro controllo?

Partiamo da un presupposto: può capitare di soffrire per amore, di perdere la persona che immaginavamo al nostro fianco per sempre, di ritrovarci con il cuore a pezzi. Questo è fuori dal nostro controllo. Eppure c'è qualcosa che possiamo controllare.

**Tu hai il controllo su come reagisci a ciò che ti accade.**

Può sembrarti banale, ma ti assicuro che non lo è affatto.

Ti faccio un esempio. Immaginiamo una donna che viene lasciata dal compagno. Può reagire in due modi: scegliere che il dolore è insopportabile, pensare che senza di lui non può vivere, che da sola non è nulla, perché senza di lui il mondo non sarà mai più quello di prima; oppure può accettare che questo dolore è molto acuto, ha il cuore spezzato e non può controllarlo, ma deve prendersi cura di sé. Immagina di camminare in un bosco e di essere morsa da un serpente. Sicuramente non ti metterai a rincorrere il serpente, urlandogli dietro e chiedendogli perché ti ha morso, ma ti muoverai cercando una cura al veleno, concentrandoti su di te.

Torniamo alla donna che è stata lasciata e si sente distrutta dal dolore. Non può cambiare l'uomo che l'ha lasciata né modificare il passato, ma può dare un significato a ciò che è successo, il che non significa cercare una spiegazione del perché è stata lasciata, esercizio futile perché in molti casi non avrà alcun tipo di risposta. Con «dare un significato» intendo che può invece decidere di imparare dall'esperienza vissuta, rendendosi conto che ciò che accade nella vita non è mai contro di noi ma per noi, e che i problemi non sono sfighe ma sfide da affrontare per diventare persone migliori in futuro. Non cercare quindi spiegazioni che chiariscano il passato: concentrati piuttosto su di te e sulla tua serenità, sul tuo benessere, su ciò che sei.

Ti faccio un altro esempio. Immagina di essere in autostrada. Guideresti guardando solo lo specchietto retrovisore? No, perché tieni gli occhi fissi davanti a te, rivolti al parabrezza, che non a caso è decisamente più grande dello specchietto. Quello che hai di fronte è molto più importante di ciò che accade alle tue spalle. Questo non significa non guardare mai al passato, ma attribuirgli la giusta importanza. In poche parole, hai il potere di scegliere dove rivolgere lo sguardo.

Tutto questo richiede da parte nostra un processo molto più profondo.

**Non importa cosa ti succede,**
**perché ciò che conta davvero è come reagisci.**

## Tu hai il controllo su cosa fai con ciò che la vita ti dà

Spesso lo dimentichiamo, ma qualsiasi emozione che ci capita di provare nella vita, anche la peggiore, è un segno che si accende in noi per portarci al cambiamento. Persino il dolore più intenso – anzi, soprattutto quello – ci sta suggerendo chiaramente di muovere qualcosa. Troviamo strategie per sopportare il dolore, ma poi una nostra azione è necessaria. Dobbiamo reagire.

Se metti la mano sul fuoco, istintivamente provi dolore e tiri indietro il braccio, e probabilmente da quel momento farai più attenzione. Invece di permettere al dolore di toglierci la voglia di vivere, possiamo trasformarlo nell'opportunità più potente e importante della vita. Pensa al serpente: dopo il suo morso senti l'urgenza di cercare aiuto, trovare un antidoto, continuare a vivere; non ti sei seduto a piangere. Al dolore hai reagito con decisione totale. Hai agito.

Lo stesso meccanismo si attiva quando il dolore è di tutt'altra natura e sembra attanagliare il cuore. Reagisci, impara, evolvi.

Possiamo utilizzare il dolore per imparare qualcosa di nuovo su di noi, per il presente ma anche per il futuro, in modo da arrivare cambiati alla prossima relazione.

**Non importa quanto sia enorme il dolore: potrai sempre imparare qualcosa.**

## Tu hai il controllo su cosa ti racconti

La comunicazione che hai con te è fondamentale, perché le parole che utilizzi sono il filtro attraverso il quale tu vedi il mondo e il mondo vede te.

Che cosa ti racconti? Che senza l'altro non vali niente? Che sei la persona più infelice del mondo che non riesce a far funzionare nessuna relazione?

Fai attenzione, perché le tue parole determinano la tua realtà. E se davvero ti racconti in quella maniera, diventerai effettivamente la persona che stai descrivendo: misera, sola, non meritevole d'amore, sfortunata. Ti ritroverai ad alimentare un senso di frustrazione e di credenze limitanti che alla fine ti convinceranno che l'amore per te è impossibile.

Ma è così che vuoi essere? Predestinato al non amore?

Chieditelo, mentre ti racconti la tua storia, perché quella stessa narrazione è ciò che percepirà il mondo attorno a te. Ricorda che questo aspetto è sotto il tuo controllo. Puoi scegliere. E attenzione: non sto suggerendo di mentire, ma di raccontare una versione dei fatti che sia conforme alla realtà, riuscendo allo stesso tempo a fare in modo che sia una narrazione costruttiva. Puoi dirti che l'amore vero arriverà, che lo meriti, che la felicità è un tuo diritto. Puoi dirti che in futuro starai meglio. Questo farà una differenza incredibile.

**Fai attenzione alla narrazione che scegli di fare di te.**

## Tu hai il controllo sulla tua autostima

L'autostima influenza le nostre relazioni: difficile vivere un amore vero se noi per primi crediamo di non meritarlo. Anche su questo, però, abbiamo un potere enorme: possiamo scegliere di avere un'autostima alta.

L'idea che abbiamo di noi non ci viene regalata al momento della nascita, è qualcosa che si costruisce giorno dopo giorno, a cominciare da quando siamo bambini. Sì, è vero: il modo in cui siamo cresciuti e quello che la vita ci ha fatto vivere talvolta non ci aiutano a credere in noi stessi.

Chi è stato così fortunato da crescere in una famiglia funzionale non sperimenterà ciò che invece tocca alle persone a cui è capitata una famiglia disfunzionale. Ma il nostro passato non è una condanna, né qualcosa di irreparabile. Tantissime persone hanno lavorato su sé stesse imparando ad amarsi, anche dopo aver vissuto esperienze durissime.

Io credo ci siano due tipi di persone: quelle che comprendono che l'autostima è una scelta, una parte di sé su cui è possibile lavorare e che decidono di allenare, e quelle che si aspettano di ricevere dall'altro quell'amore che non sanno darsi.

In amore queste persone sono quelle che definirei «bisognose», perché sentono di avere dentro un vuoto da colmare e si aspettano che sia l'altro a colmarlo con il suo amore.

**Ma l'amore non riempie, l'amore aggiunge.**

Se dentro di noi c'è del vuoto lì dove invece avrebbe dovuto esserci la nostra autostima, il partner potrà solo aggiungere altro vuoto. Se tu non ti senti una persona completa, il partner non ti farà sentire completa, anzi: ti farà sentire ancora più vuoto, ancora più solo.

Quel dolore possiamo affrontarlo con una scelta, dopo aver compreso che possiamo allenare la nostra autostima, decidendo consapevolmente di essere felici.

## Come accrescere l'autostima

Non è facile. Purtroppo non esiste una ricetta per conquistarsi una solida autostima. Allora facciamo un passo indietro e riflettiamo sulla nostra natura.

Fondamentalmente siamo esseri sociali e abbiamo bisogno di amore. Quell'amore possiamo cercarlo fuori da noi, negli altri, o possiamo invece darlo a noi stessi. Come darci amore, quindi?

Un modo è cercare e identificare i propri obiettivi, cose che ci piacciono e ci rendono felici, che ci dà soddisfazione fare e che ci riescono bene. Sembra banale, ma non lo è. Ho conosciuto tante persone che semplicemente hanno rinunciato a fare ciò che dà loro soddisfazione, magari perché danno la priorità assoluta al lavoro oppure perché stanno seguendo una strada tracciata dalla famiglia; penso per esempio a chi ha seguito un certo percorso universitario solo perché i genitori lo desideravano. Altri non si sono mai nemmeno posti il problema, quindi non hanno la minima idea di cosa gli piaccia.

Ovviamente non sto suggerendo di lasciare il lavoro per seguire una propria passione. Si tratta di un esercizio molto più sottile, che ci porta a essere consapevoli di cosa ci fa stare bene, per poi assicurarci che ci sia spazio nella nostra vita anche per quello.

Immagina che dentro di te ci sia un mondo interiore composto da ciò che ami. Coltivarlo significa renderlo ricco e vario, dandoti ogni giorno nuovi obiettivi, anche piccoli e raggiungibili. Amare sé stessi non è uno sforzo astratto, ma passa da ciò che facciamo: ci mettiamo alla prova, ci sorprendiamo riuscendo a tagliare traguardi. Questo tuo spazio interiore ti rende affascinante agli occhi degli altri, ma soprattutto ti rende solido. Ami te stesso e basti a te stesso. E questo è il presupposto delle relazioni, perché non puoi dare ciò che non hai: se dentro di te non hai amore, non potrai darlo.

## Esercizio

**Scrivi qui, o su un foglio di carta, l'elenco di ciò che compone il tuo mondo interiore: ciò che ami fare, che ti viene bene, che ti riesce.**

**1.** ____________________

____________________

**2.** ____________________

____________________

**3.** ____________________

____________________

**4.** ____________________

____________________

**5.** ____________________

____________________

## Tu hai il controllo su chi fai entrare nella tua vita

Sei tu che decidi chi entra e chi esce dalla tua vita, ma anche chi se ne va e poi decide di tornare, perché spesso teniamo le nostre porte aperte. Sappiamo che quella persona è sbagliata, che non è funzionale a noi, che non ci fa bene, che addirittura è già impegnata, eppure lasciamo le porte aperte.

Perché lo facciamo? Perché abbiamo una bassa autostima e ci raccontiamo che è meglio accontentarsi di quel poco che riceviamo piuttosto che niente. Ma in amore e nelle relazioni il detto giusto è: «Piuttosto che niente è meglio niente».

Invece elemosiniamo briciole, perché dentro di noi crediamo intimamente di non meritare altro.

Mi è capitato di sentire donne dire: «Nessuno mi apprezza davvero» oppure «Sono troppo impegnativa».

Sono bugie, scuse che ci diciamo o che ci vengono dette, e noi scegliamo di crederci. Siamo troppo impegnativi o difficili da apprezzare solo agli occhi di chi non ci merita. Persone del genere è meglio perderle.

Posso solo augurarti di non permettere mai a persone di questo tipo di entrare nella tua vita, perché se speri che qualcuno che non ti sta mettendo al primo posto cambi atteggiamento da un giorno all'altro, sappi che ti stai raccontando quel genere di storia che si vede solo nei film. Voglio dirtelo con onestà: non succederà, e ci sono almeno due ragioni. Prima: nessuna persona cambia per qualcun altro, ma solo dopo aver fatto un importante lavoro su di sé. Seconda, in fondo tu stai permettendo all'altro di comportarsi in questa maniera, quindi perché dovrebbe cambiare? Sei tu che con il tuo comportamento comunichi che per te la situazione va bene.

Restare nella relazione che ci rende infelici, accanto a una persona che non ci fa stare bene, è una nostra scelta.

**Non potrai cambiare le persone,**
**ma puoi decidere chi far entrare nella tua vita.**
**È una tua scelta, ma anche una tua responsabilità.**
**Più forte sei più decidi ciò che è davvero meglio per te.**

## Tu hai il controllo su quanto stare nel dolore

È naturale rifiutare il dolore, per ragioni facili da immaginare: crea disagio, inquina la vita, rende pesante ogni nostra giornata. Per dirlo in parole banali: è brutto, fa male. A nessuno piace soffrire, è ovvio.

Quando dico che bisogna saper stare nel dolore, la prima reazione che suscito è di paura, spavento. Eppure è il primo passo verso la felicità, come vedremo nel prossimo capitolo.

**Il dolore è uno strumento:**
**ti permette di vedere più lucidamente te stesso**
**e la situazione che stai vivendo.**
**La felicità è una scelta,**
**perché è ciò che fai con quello che hai.**

# “ Eravamo fatti l’una per l’altro. ”

*Le relazioni per esistere richiedono la volontà di due persone, e neppure se il tuo amore era infinito poteva bastare da solo. Sono fatte l’una per l’altra due persone che corrispondono i reciproci sentimenti.*

# Esercizio

A volte inseguiamo persone che non ci meritano, nella speranza di vederle cambiare. Come se per magia un giorno potessero realizzare che tengono a noi...
Ora rifletti con onestà alle affermazioni elencate qui di seguito.

- Sei sempre tu a cercare, a farti sentire, a chiamare, a rincorrere.
- Quando ha bisogno tu ci sei sempre, ma non è mai vero il contrario.
- Parla, parla, ma alle parole non corrispondono fatti.
- Promette che le cose cambieranno, ma in un futuro che non vuole definire.
- Non è costante: a volte c'è, a volte non c'è.
- Si fa vedere soprattutto quando non ha di meglio da fare.

Se le cose stanno così, è bene che tu rifletta su questo: non puoi cambiare la persona che ti tratta in questa maniera, ma puoi scegliere se davvero la vuoi nella tua vita.
Desideri davvero essere la seconda scelta di qualcuno?

# Accettare il dolore

## Cosa significa stare nel dolore?

Significa accettare che il dolore è parte dell'esperienza umana, inevitabile. Concretamente vuol dire non nasconderlo, permettendo a sé stessi di sperimentarlo e attraversarlo. Viene da piangere? Bene, piangiamo senza giudicarci come fragili o persone poco forti. Per stare nel dolore è necessario concedersi il tempo di provarlo, comprenderlo, conoscerlo.

**Vivere il dolore è una responsabilità.**
**È una responsabilità personale di ciascuno di noi,**
**oltre che l'unico modo che abbiamo a disposizione**
**per non trasformare il dolore in sofferenza.**
**Evitare la sofferenza è una nostra responsabilità.**

Non è semplice, molte persone si convincono che la strada giusta da percorrere per gestire il dolore sia diversa, e allora cercano distrazioni, si costringono a pensare ad altro, si impegnano in situazioni in cui sono costrette a sfoggiare un sorriso per nulla sincero. È il caso di chi esce e si circonda di amici per non restare a casa a disperarsi. E poi magari carica su qualche social foto di quei falsi momenti sereni online, nella speranza che il mondo intero veda quanto è felice. Ma in che modo quella menzogna può fare bene?

Non suggerisco di condividere con chiunque i momenti più duri, ma di viverli. Piuttosto meglio sconnettersi, non condividere nulla per un po' e prendersi il proprio tempo. Altrimenti ci si priva di quell'importante momento in cui si resta nei sentimenti, anche quelli dolorosi.

A volte quelle foto vengono caricate perché l'altra persona le veda, con l'intento di vendicarci, di dimostrare quanto siamo felici anche senza di lei; ne parleremo più avanti).

«Sì, ma io non voglio arrendermi alla sofferenza» dirà qualcuno. A questo proposito devo chiarire un malinteso. Permettersi di provare dolore non significa assolutamente rassegnarsi. Significa distinguere cosa è sotto il tuo controllo da cosa non lo è. Devi compiere una scelta importante: concentrarti sulla prima categoria e lasciare andare il resto, perché fare altrimenti significherebbe solo sprecare energie senza ottenere alcun risultato. Se ti soffermi su cose che non sono sotto il tuo controllo, resterai nel dolore in modo disfunzionale, scivolando nella sofferenza. Una volta compreso invece cosa puoi cambiare, scegli di prendertene la responsabilità, anche riconoscendo i tuoi errori. Stare nel dolore ti aiuta a compiere questo passo.

E se credi di non avere responsabilità per quanto accaduto, di essere solo vittima di una brutta persona, devo ricordarti che qualunque cosa accada in una relazione non è mai colpa esclusivamente di uno solo (e parlo di «colpa» senza esprimere giudizi).

Quello che accade è sempre il risultato delle azioni e delle scelte di tutte le persone coinvolte. Persino non fare nulla, accettare qualsiasi richiesta, essere accondiscendenti e mostrare infinita disponibilità significa fare una scelta. Anche mettersi in secondo piano significa agire: annullarsi per l'altro è un errore fatale. Hai mai pensato che nessuno ha bisogno di avere accanto a sé un'ombra silenziosa che si prenda cura di lui?

Pensa a cosa stai cercando tu. Non cerchi forse una persona interessante, da stimare, capace di sorprenderti e portare nella relazione stimoli e spunti, con un ricco mondo interiore e tanti interessi? Stimeresti una persona che accetta qualsiasi cosa, anche umiliandosi? Saresti affascinato da una persona che esaudisce ogni tuo desiderio, che si mette in secondo piano, che dice sempre di sì, che non ha nulla da raccontare perché vuole solo ascoltarti, che si accontenta di te e quindi non ha altri sogni?

**Non permettere a nessuno di darti per scontato, perché questo ti fa perdere valore. E così perderai la posizione paritaria rispetto all'altra persona.**

È doloroso ammetterlo, ma quasi sempre abbiamo responsabilità in ciò che ci accade. Immaginarci come vittime della cattiveria altrui può darci un piccolo sollievo momentaneo, ma non ci permette di imparare nulla. Benché più difficile, ammettere che anche noi abbiamo delle responsabilità da cui è inutile scappare paga nel lungo periodo.

Per prendersi le proprie responsabilità c'è una domanda fondamentale da porsi:

**Cosa avrei dovuto fare che non ho fatto, tra ciò che potevo controllare?**

Restare nel dolore ci guida, aiutandoci ad affrontare queste riflessioni.

Lo so, è difficile. Non è uno scherzo. Quindi prenditi il tuo tempo: questo è il mio suggerimento. Non accelerare il processo di guarigione, lascia che faccia il suo corso, perché non c'è alcun modo di alterare il corso naturale delle emozioni.

Ricorda la curva del dolore: in modo fisiologico arriverà il momento in cui quelle emozioni così violente si faranno più tenui, fino a diventare sopportabili per poi svanire, poco alla volta. Perché ciò accada, è importante restare nel dolore e non evitarlo. Arriverai a capire che è proprio il dolore a darti la spinta per riuscire a tornare a stare bene.

**Concentrati su ciò che è sotto il tuo controllo, esclusivamente su quello.**
**Prenditi le tue responsabilità. Stai nel dolore.**

Se non riesci a liberarti del dolore dopo troppo tempo, se il dolore resta immutato e non si affievolisce, allora è probabile che tu non abbia applicato questi tre consigli. Non hai quindi a che fare con il dolore, ma con la sofferenza.

**“ Non accontentarti delle briciole dell’amore di qualcuno. ”**

## Esercizio

Ti propongo un semplice esercizio che ti aiuterà a riprendere contatto con le emozioni.

### 1. Stabilisci un momento preciso della giornata

Decidi in anticipo un orario in cui concederti cinque minuti per affrontare le emozioni legate alla persona o all'evento che ti causa sofferenza. È importante limitare questo tempo per evitare che il pensiero invada tutta la giornata.

### 2. Crea un rituale per quel momento

Siediti in un luogo tranquillo, prendi carta e penna, e dedica quei cinque minuti a lasciare che tutto venga fuori. Scrivi ciò che provi senza giudicarti. Focalizzati sui pensieri ricorrenti e annotali. Esprimi anche rabbia, tristezza o frustrazione.

### 3. Chiudi e butta via

Alla fine dei cinque minuti, smetti di scrivere, piega il foglio e distruggilo, strappalo o brucialo in sicurezza. Questo gesto rappresenta simbolicamente il lasciar andare le emozioni accumulate, evitando che rimangano intrappolate nella mente.

### 4. Ripeti per un periodo definito

Fallo ogni giorno per una settimana o finché senti che il bisogno di quel «contenitore» emotivo sta diminuendo. A poco a poco ti renderai conto che queste emozioni perdono intensità.

# Lasciare andare

Nelle pagine precedenti abbiamo parlato di alcune cose che puoi controllare. Ora è arrivato il momento di vedere ciò che è fuori dal tuo controllo. Sono quelle situazioni e quegli eventi che possono capitare.

## Il caso

Sembra banale, ma non lo è. Talvolta, per poter ottenere dalla vita tutto ciò che desideriamo, crediamo che sia sufficiente impegnarci moltissimo. Non è sempre vero. C'è tutta una parte dell'esperienza umana che sfugge al nostro controllo e su cui possiamo fare ben poco. Mi riferisco per esempio alle malattie, a quelle sfortune che dipendono dal caso, alla parte «brutta» della vita. C'è chi perde il lavoro e si ritrova a gestire gravissimi problemi economici, chi sogna figli che non arrivano, chi deve affrontare lutti. Qualsiasi relazione sentimentale (e non solo) risente inevitabilmente di questi momenti della vita, anche di questioni che non sono necessariamente tragedie ma che hanno comunque conseguenze serie sugli equilibri dei rapporti. Un trasferimento di lavoro che costringe il partner ad andare dall'altra parte del mondo, accettato perché a lungo desiderato, avrà inevitabili conseguenze, e magari porterà alla fine della relazione. C'è qualcosa che avreste potuto fare? Probabilmente no.

## Le decisioni che non puoi prendere tu

Mi tornano in mente persone che da anni sono intrappolate nella sofferenza causata da decisioni completamente fuori dal loro controllo, come un partner che non vuole assolutamente avere figli. Lo stesso vale per chi è stato lasciato, quando il compagno o la compagna hanno ammesso di essersi innamorati di un'altra persona.

È naturale sperare che la persona che vogliamo al nostro fianco per tutta la vita tenga conto dei nostri desideri, quando arriva il momento di prendere decisioni importanti, ma non è detto che sia sempre così. Può accadere che ci si ritrovi a desiderare cose differenti, e non sempre l'altro è disposto a scendere a compromessi.

Questo dipende anche dal periodo della vita in cui ci troviamo. Ho conosciuto persone legate da un amore vero, che avrebbero avuto in teoria tutti i presupposti per essere felici, ma avevano esigenze troppo diverse e questo creava una distanza inesorabile, più forte di qualsiasi sentimento. Immaginate due persone che si amano sinceramente ma che non riescono più a capirsi perché una delle due si è lanciata in un nuovo lavoro molto impegnativo, mentre l'altra non trova il coraggio di lasciare un impiego che la rende infelice. Gli esempi in questo senso sono infiniti.

Possiamo tormentarci pensando di essere sfortunati, oppure decidere di reagire a ciò che ci succede in modo positivo e costruttivo, provando a trovare un compromesso e accettando che non possiamo stravolgere la vita dell'altra persona.

## I sentimenti altrui

Non possiamo convincere nessuno ad amarci e non possiamo convincere nessuno a provare attrazione fisica per noi. Capita di non piacere a qualcuno. Succede, e non c'è una ragione precisa perché ciò accada; eppure ho incontrato persone che non si capacitavano del fatto di essere state rifiutate, tormentandosi con un «Perché non piaccio?»

Quella domanda non serve a nulla, non avrà mai una

risposta, e forse neppure la persona che ci ha rifiutati potrebbe aiutarci a comprendere la situazione. Perché ha preferito un'altra persona? Non c'è una vera motivazione.

E quindi, anche qui, come vuoi reagire? Arrabbiandoti, rifiutandoti di pensare al futuro per restare aggrappato a un passato che non c'è stato? Vogliamo davvero convincerci che gli uomini o le donne sono tutti uguali, che l'amore porta solo delusioni, che siamo gli ultimi romantici su questo pianeta che ancora credono nei sentimenti? Tutto questo può essere consolatorio sul momento, ma ci blocca nella sofferenza.

L'unico pensiero che potrebbe dare un po' di sollievo è questo: essere rifiutato è stato doloroso, ma è capitato e non posso controllarlo. Posso comunque cercare una persona con la quale potrà nascere un sentimento reciproco.

Sì, possiamo scegliere di credere ancora nell'amore.

## La felicità degli altri

Vedo persone che vogliono a tutti i costi rendere il partner felice. Capisco le buone intenzioni, ma bisogna riconoscere che la felicità altrui è fuori dal nostro controllo. Possiamo modificare il nostro comportamento, dare più attenzioni, comunicare meglio, ma i sentimenti della persona che amiamo potrebbero comunque non dipendere da noi.

Se l'altro non è felice, non possiamo colmare il suo vuoto. Eppure spesso ci facciamo carico della sua infelicità, arrivando talvolta a metterci in secondo piano o anche a perdere di vista chi siamo. Non vedendo cambiamenti, finiremo per rinfacciare tutto ciò che abbiamo fatto, aumentando la tensione.

**Su molte cose non hai alcun potere,**
**mentre puoi decidere di essere felice.**
**O almeno puoi provarci.**

“ Non essere
la seconda scelta
di qualcuno. Sii sempre
la tua prima scelta. ”

# Esercizio

**Trova tre cose che ti fanno stare male, ma su cui hai il controllo, e poi mettile nero su bianco. Può essere per esempio la tendenza ad andare a sbirciare sul profilo Instagram dell'ex partner.**

**1.** ______________________________

______________________________

______________________________

______________________________

______________________________

**2.** ______________________________

______________________________

______________________________

______________________________

______________________________

**3.** ______________________________

______________________________

______________________________

______________________________

______________________________

# Riconoscere la sofferenza

## Scappare dalle responsabilità

«Dici che la sofferenza è sotto il mio controllo, ma io non l'ho mai scelta.»

È vero, nessuno sceglie di soffrire consapevolmente. Anzi, ti dirò di più: spesso non è neppure chiaro quando passiamo dal dolore alla sofferenza. Il dolore decresce e inizia una serie di meccanismi automatici, di cui spesso non siamo del tutto consci. Sono gli stessi per tutti, ma non colpiscono tutti in ugual misura: più alta è la nostra autostima più alte sono le nostre consapevolezze, meglio conosciamo noi stessi e più riusciremo a evitare la sofferenza. Come fare?

Immaginati davanti a un bivio: puoi aggrapparti al dolore e trasformarlo in sofferenza, oppure attraversarlo e poi trasformarlo. Per imboccare la seconda strada è necessario essere estremamente consapevoli, e so che non tutti ce la fanno. Io spero di poterti aiutare a conquistare almeno un po' di quella consapevolezza, per non commettere l'errore più comune: quello di ritrovarsi nella sofferenza, nutrirla, alimentarla, farla vivere dentro di sé, accrescerla a tal punto che poi diventa davvero difficile uscirne.

«E quindi, come faccio a evitare la sofferenza?»

Facciamo un passo indietro. Ti propongo prima un'altra domanda: cos'è la sofferenza? È una condizione che l'*individuo* perpetua nel tempo a causa della mancata elaborazione del dolore.

Ho messo in corsivo la parola «individuo» per ribadire ancora una volta che la sofferenza non viene perpetuata dall'esterno: siamo noi ad alimentarla.

Quando veniamo lasciati, quando qualcuno ci fa un torto, c'è un dolore che è esterno, ma quasi sempre abbiamo una parte di responsabilità, almeno una piccola percentuale. Sì, ci sono situazioni per cui non abbiamo alcuna responsabilità, come la morte di una persona cara; ma sono casi limite, quindi concentriamoci su tutte quelle situazioni in cui possiamo onestamente dire che anche noi abbiamo contribuito a ritrovarci nella situazione presente. Ammettere di avere alcune responsabilità è faticoso, e pur di evitarlo ci rifugiamo nella sofferenza.

E questa è la sua *prima caratteristica*: **è un rifugio per non riconoscere le proprie responsabilità.**

## Siamo noi a nutrire la sofferenza

Veniamo lasciati dal partner, iniziamo a provare questo dolore fortissimo, arriviamo al picco, poi il dolore decresce. Magari siamo stati onesti con noi stessi e qualche responsabilità ammettiamo di averla avuta, ma complessivamente ci sentiamo delle vittime. Di conseguenza ci chiediamo: «Perché è capitato a me? Cos'ho che non va? Non me lo meritavo».

Se l'ex frequenta un'altra persona, potremmo addirittura arrivare a fare dei paragoni, a controllare sui social per cercare di capire che cosa ha più di noi. Tutto ciò ci porterà a pensare: non andavo bene, non ero abbastanza... Questi pensieri inconsciamente hanno un solo obiettivo, ci tengono ancora attaccati all'altra persona e al passato vissuto insieme. Ma c'è un prezzo molto alto da pagare: ledono la nostra autostima e ci fanno stare male.

Il mio invito è fare attenzione a tutti quei perché che in qualche modo distolgono la nostra attenzione dall'interrogarci sulle nostre responsabilità e su ciò che effettivamente possiamo fare.

Sono quelle domande che si formano nella testa: perché mi ha lasciato? Perché non vado bene? Perché li trovo tutti io?

Nessuna di queste domande presuppone davvero una risposta, perché il loro ruolo è un altro: alimentano il vittimismo. Se invece ci focalizzassimo su ciò che possiamo controllare, scopriremmo che il motivo perde rilevanza. Non importa sapere perché è accaduto, ciò che conta è che stiamo meglio.

In effetti la maggior parte delle persone neanche vuole sapere la verità. Già conosciamo la risposta più probabile, forse l'unica possibile: «Non ti amo più».

Non lo vogliamo sapere perché è fuori dal nostro controllo, così come non possiamo far nulla dopo che il partner si è innamorato di un'altra o di un altro.

Ci illudiamo invece di poter fare qualcosa, di affrontare la situazione in maniera attiva, quando nutriamo le nostre ossessioni, andiamo a sbirciare cosa fa l'ex, magari domandandoci «Perché al suo fianco non ci sono io?» Nutriamo quella sofferenza per darci degli alibi ed evitare di riprendere le redini della nostra vita.

«Eh, ma Fede, non è sempre così: se ritorna o mi cerca? Se mi butta addosso tutta la colpa di ciò che è successo? Non sono io che nutro la sofferenza!»

## Nessuno ti fa del male senza il tuo permesso.

Questa è la *seconda caratteristica* della sofferenza: **permettiamo agli altri di alimentarla**. L'ex può cercarci e cercare più o meno consapevolmente di ferirci con la sua presenza, le sue parole e le sue accuse. Ma se ci sentiamo abbastanza forti da farci scivolare addosso tutto, non avrà alcun potere su di noi.

Il fatto che riesca a ferirci significa che crediamo a ciò che ci sta dicendo, e questo succede perché noi gli diamo questo potere, abbiamo fiducia nelle sue parole e mettiamo in dubbio noi stessi.

Ricordando chiaramente quanto ci ha fatto soffrire, avendo chiara in mente la consapevolezza del fatto che per questo non può essere la persona giusta, non avrà potere su di noi.

Saremo noi a voler prendere le distanze, perché siamo noi a dare il libretto d'istruzioni agli altri.

**Accetti di restare nella sofferenza,**
**che dura finché non viene elaborata,**
**perché non ha una data di scadenza...**

**A differenza del dolore, che fisiologicamente con il tempo svanisce, la sofferenza può durare anni.** Questa è la sua *terza caratteristica*. Resta finché non trovi un modo per elaborare quanto accaduto. Ci sono persone che la coltivano a lungo: anni dopo ancora raccontano agli amici quanto l'ex fosse una brutta persona. E lo sanno per certo, perché continuano a controllare i social, la vita, il nuovo partner... Ecco un tipico comportamento che alimenta la sofferenza.

## Può creare una forma di angoscia

L'angoscia è un'emozione pericolosa ed estremamente negativa. È uno stato per cui l'individuo non riesce a trovare una soluzione davanti a un problema. Si sente impotente, finito, senza speranze. Credo sia tra le condizioni peggiori che possano capitare, persino peggiore della paura.

Già, peggiore, e questo potrebbe sorprenderti, ma pensaci. La paura è un'emozione di base dell'essere umano e ha una funzione ben precisa. È paleoencefalica, cioè nasce nella parte più antica del nostro cervello, ed è fondamentale per la sopravvivenza dell'essere umano. In generale non è corretto connotare le emozioni come «positive» o «negative», perché svolgono sempre una funzione utile e necessaria, anche se a noi risultano sgradevoli. Se vicino a me ci fosse un cane feroce, la paura mi spingerebbe a comportarmi di conseguenza, prendendone le distanze per evitare di farmi mordere.

La paura spinge chi la prova a rispondere a una situazione, mentre l'angoscia si presenta togliendo ogni speranza.

Ed eccola qui, la *quarta caratteristica* della sofferenza: **ci spinge nell'angoscia, protraendosi nel tempo. Ci toglie la possibilità di reagire.**

## Porta a credenze limitanti e a generalizzazioni dannose

Infine, la *quinta caratteristica*: **genera credenze limitanti e ci porta a generalizzare.**

Una credenza limitante è un pensiero che con il tempo si fa spazio nel nostro cervello, fino a diventare una credenza radicata. E l'essere umano si identifica con le proprie credenze, usandole per definire sé stesso.

Se io tutti i giorni mi guardo allo specchio e penso di essere brutto, finirò per identificarmi con quel pensiero e a comportarmi di conseguenza, come se quella fosse la verità.

Ora mi rivolgo all'universo femminile. «Tutti gli uomini sono uguali, tutti quelli che incontro mi lasciano»: l'ho sentito dire molte volte. Eppure si tratta di un'altra convinzione pericolosa.

Se anche tu sei una di quelle donne che ha ripetuto parole come queste, pensaci bene: arriva un momento in cui accetti l'invito da parte di un uomo e decidi di uscire per la prima volta con lui, ma nella tua mente c'è proprio questa credenza. Quale sarà il tuo atteggiamento verso di lui?

Sarà respingente, perché una parte di te cercherà di proteggerti da quella che sa essere per certo la prossima delusione in arrivo. Diventerai sarcastica, aggressiva, diffidente, tanto da bloccare ogni forma di connessione emotiva. Difficilmente in un contesto del genere si accenderà quella connessione «magica» che fa nascere nell'altra persona la voglia di rivedersi.

Ma può anche accadere altro. Convinta di incontrare solo uomini non disposti a impegnarsi, cercherai di mostrare le parti migliori di te, ti sentirai in dovere di dimostrare qualcosa. Finirai per non sembrare neanche te stessa, troppo impegnata a dare un'impressione esageratamente positiva.

Le credenze limitanti sono pericolose, perché ciò che tu credi davvero è destinato a verificarsi. Con la tua energia e con i tuoi comportamenti rischi di far avverare ciò che ti fa più paura.

Oltre alle credenze ci sono anche le generalizzazioni pericolose: quando siamo nella sofferenza tendiamo a generalizzare, perché categorizzando gli esseri umani ci sentiamo più al sicuro.

Facciamo un esempio: tutti gli uomini sono traditori. Questo genere di giudizio può proteggerti, se in passato hai subito tradimenti; ti porterà a restare in allerta, a cogliere certi segnali. Ma non dovresti lasciare che condizioni troppo il tuo giudizio.

Convinta che nessun uomo meriti la tua fiducia, potresti tenere a distanza possibili nuove conoscenze, e questo ti farà sentire al sicuro. Il problema arriva quando provi ad aprirti di nuovo all'amore: cosa succederà al primo appuntamento?

Sarai respingente, perché la tua diffidenza verrà percepita. E poi potresti rivolgere alla persona che hai davanti domande sgradevoli, per capire se rispecchia la tua generalizzazione.

Immaginiamoci un uomo, al primo appuntamento, che si sente interrogato sul tradimento. Mettiamo che lui non abbia mai tradito e risponda con la verità. Verrà creduto, o le convinzioni pregresse saranno più forti?

È possibile che accada proprio questo, perché il cervello cerca conferme di ciò che crede. E il linguaggio del corpo lo fa intuire: «Io non ti credo».

Mettiamoci nei panni di quest'uomo, che non si sente creduto. Difficilmente da una dinamica di questo tipo può nascere una relazione.

**Le credenze limitanti ti proiettano in una realtà tutta tua, costruita sulla base di esperienze vissute e di ciò che hai imparato dalle persone che ti hanno fatto del male e dalle quali dovresti allontanarti. In quella realtà starai sulla difensiva, e difficilmente troverai l'amore vero.**

# Esercizio

**Scrivi una lettera a te stesso, a partire da ciò che troverai in questa pagina.**

**Io merito di essere felice perché...**

___

___

___

___

**Io valgo, perché...**

___

___

___

___

**Giuro di non permettere più a nessuno di ferirmi, perché...**

___

___

___

___

# Perché uscire dalla sofferenza è difficile

Non voglio farti credere che sia tutto semplice, perché mentirei. Uscire dalla sofferenza è difficile e richiede da parte nostra un grande sforzo. A questo punto immagino che tu abbia già capito con cosa abbiamo a che fare, ma per sicurezza è meglio ribadirlo.

Restiamo intrappolati nella sofferenza perché ci aggrappiamo a un'illusione di controllo. Andiamo a sbirciare nella vita dell'ex, confermando a noi stessi l'idea che abbiamo ancora diritto a farne parte, e poi diamo giudizi: «Le nuove persone che frequenta non sono giuste per lei», «Guarda quella ragazza con cui si è fotografato» e via così. Ma è solo un'illusione di controllo, perché ormai l'altro è lontano.

«Quindi devo smettere di guardare cosa combina sui social?»

Dipende. Certamente imporci un blocco a volte fa bene, può aiutarci. È giusto bloccare per proteggersi e fermarsi, nel caso si tenda ad andare a guardare cosa fa la persona da cui dovremmo prendere le distanze. Diverso è invece bloccare per attirare l'attenzione o mandare un messaggio; penso per esempio a chi blocca e sblocca, mette like e poi scompare solo per farsi notare, sapendo che l'altro ci farà caso. E, per alimentare ulteriormente quel legame che ancora vorrebbe esistesse, coltiva desideri di vendetta.

L'ho visto accadere spesso dopo una relazione che si è interrotta in maniera brusca.

**Chi si ritrova lasciato o tradito senza ricevere spiegazioni, senza poter capire cosa è accaduto, spesso reagisce nutrendo desideri di vendetta.**

## Vendetta

Ho conosciuto una donna che ha condiviso chat personali e foto compromettenti dell'ex con amici comuni. La sua spiegazione era semplice – diceva di cercare giustizia dopo essere stata lasciata per un'altra – ma non vera; in realtà stava cercando di attirare lui a sé. E in effetti, quando ha scoperto cos'era accaduto, lui l'ha cercata. Ovviamente è stata una telefonata sgradevole, con toni accesi e molte accuse reciproche.

Difficile che vada diversamente, comunque. La vendetta getta benzina sul fuoco dei sentimenti negativi: sì, potrebbe chiamarti, ma per dirti cosa?

È necessario aggiungere un'osservazione. Accade che la vendetta arrivi come risposta a un'offesa subita. «Lui ha parlato male di me, quindi io a mia volta racconto qualcosa di brutto che lo riguarda...» Spesso tra persone simili ci si trova.

Anche (e soprattutto) in questi casi, dovresti fermarti e ascoltare la tua parte razionale. Può essere faticoso, perché qualcuno tende a reagire alle situazioni in maniera impulsiva, seguendo l'istinto. Ma si impara anche a riprendere il controllo di sé.

Come ti ho già detto, non puoi controllare le tue emozioni, ma puoi controllare le reazioni alle emozioni che si accendono dentro di te.

Questo è ciò che speri di ottenere con la vendetta:

- Dimostri al mondo che quella persona è stata crudele e cattiva.
- Hai ottenuto giustizia.
- Lui o lei capisce il suo errore e torna da te.

Siamo d'accordo che questa è fantascienza e che non accadrà mai?

Ecco ciò che invece molto probabilmente accadrà dopo una vendetta:

- Il tuo ex partner ti odierà e si convincerà che è necessario prendere ancora più le distanze.
- Gli amici comuni saranno contrariati e forse si schiereranno dalla sua parte.
- Ti sentirai peggio.
- Non c'è alcuna giustizia: no, dopo aver dimostrato quanto quella persona è stata crudele, non tornerà da te.

## La felicità è la migliore vendetta

Tante persone mi chiedono quale sia la migliore vendetta contro un partner che ci ha fatto soffrire. La risposta è semplice: sii felice. È l'unica soluzione. D'altronde, davvero vuoi investire energie per qualcuno che ti ha fatto sprofondare nel dolore? Gli stai dedicando tempo e pensieri che potresti dedicare a te e alla tua felicità.

Qualsiasi crudeltà tu possa immaginare di fare, si tratta solo di un disperato tentativo di attirare l'attenzione. Vuoi che quella persona ti riconosca qualcosa perché non hai ancora accettato il fatto che sia andata avanti. Stai solo cercando di essere visto, considerato, quindi puoi avere uno spazio nel suo presente. Pensa alla tua dignità, allora, al fatto che la vendetta ti mette in una posizione disperata.

Molte persone mi dicono che è insopportabile vedere un ex partner felice, dopo quello che è successo. Ma rendere infelice lui o lei non renderà più felice te.

Ti accomodi nel ruolo della vittima: lui ti ha fatto soffrire, lui è senza cuore, lui è una persona problematica, lui è immaturo ed egoista... E tutto questo è terribilmente comodo, perché non devi mettere nulla in discussione né porti alcuna domanda scomoda.

La sofferenza diventa un alibi per non cambiare, non imparare, non diventare più forti.

Quasi sempre abbiamo in qualche modo permesso che

quella persona facesse parte della nostra vita, ed è meglio ammetterlo a noi stessi, per non ritrovarci in futuro nella stessa situazione. Sì, a volte si incontrano persone pessime, crudeli, insensibili, e alcune sono molto brave a nascondere questa parte di sé, mostrandosi per ciò che non sono. In questo caso possiamo parlare di inganno.

Puoi sempre imparare a cogliere meglio i segnali. Attenzione, però: non sto parlando di prendersi colpe, ma di assumersi responsabilità su ciò che era in tuo controllo. Questo ci ricorda che c'è un'ampia parte della nostra vita che dipende da noi e dalle nostre scelte.

Generalizzare è un ottimo modo per semplificare le cose. Se ti capita spesso di pensare parole come «tutti» o «nessuno», e prendi una categoria di persone per generalizzare un comportamento, stai cercando certezze che però rischiano di ritorcersi contro di te. Una persona che crede che «nessuno ormai cerca una relazione seria» sta facendo un pensiero depotenziante; quando si troverà davanti a una nuova conoscenza, è già certa che non troverà modo di accendere un sincero interesse nell'altro. Ma le nostre convinzioni influiscono sui comportamenti che adottiamo. Quella persona trasmetterà diffidenza e sfiducia, che influiranno poi sulle nostre relazioni.

Guardati allo specchio e chiediti se davvero dubiti che qualcuno possa conoscerti e ritenerti una persona interessante, affascinante, meritevole di un secondo e anche di un terzo incontro.

Per uscire dalla sofferenza dobbiamo fare attenzione a queste nostre convinzioni. So che non è semplice, ma la sofferenza non si interrompe da sola. Sei tu che la devi interrompere.

# Esercizio

## Cosa non è in tuo controllo?

- Sei stato lasciato per un'altra persona. È in tuo controllo? No No
- Il partner è scomparso dalla tua vita. Puoi farci qualcosa? No No
- Ti ha tradito. Puoi tornare indietro nel tempo e cambiare le cose? No No
- Ha scelto di prendere sempre, senza mai dare. Puoi trasformarlo in un'altra persona? No No
- Non immagina un futuro con te. È in tuo potere cambiarlo? No No
- È felice senza di te. Puoi convincerlo che sbaglia? No No

# Esercizio

## Cosa è in tuo controllo?

- Cambia argomento, non parlare solo del partner.

  Puoi? Sì No   Vuoi? Sì No

- Scegli qualcosa che ti fa star bene.

  Puoi? Sì No   Vuoi? Sì No

- Fai una pausa dai social network: non devi dimostrare nulla a nessuno.

  Puoi? Sì No   Vuoi? Sì No

- Frequenta nuove persone.

  Puoi? Sì No   Vuoi? Sì No

- Impegnati nel lavoro, in un hobby, nello sport, in qualcosa a cui tieni, che sia tuo.

  Puoi? Sì No   Vuoi? Sì No

- Prenditi cura di te, vestiti al meglio, curati.

  Puoi? Sì No   Vuoi? Sì No

## Esercizio

Non possiamo controllare ciò che è successo in passato o cambiare gli eventi, ma possiamo focalizzarci su cosa abbiamo imparato. Dobbiamo prendere le distanze dall'idea del fallimento, perché nella vita le cose possono andare in due modi, se siamo pronti a dare il cento per cento: o vinciamo o impariamo. Falliamo solo se decidiamo consapevolmente di non imparare niente e prendere le distanze da ciò che è successo.
Cosa hai imparato da ciò che ti ha fatto soffrire? La domanda è importante, perché se la sofferenza ti ha reso cattivo, allora è stata inutile. Scrivi qui le 3 cose che non vorresti mai che si ripetessero nella tua vita.

1. Dico no a ______________________________

______________________________

2. Dico no a ______________________________

______________________________

3. Dico no a ______________________________

______________________________

# Esercizio

**Come puoi usare ciò che ti è successo per la tua felicità?**
**Sentirsi vittima è comodo, e ti permette anche di sapere cosa ti accadrà. Assumersi le proprie responsabilità invece è faticoso, ma ti permette di scrivere il futuro.**
**Guarda avanti: cosa immagini? Cosa desideri? Visualizzalo e scrivilo!**

1. Dico sì a ______________________________
______________________________________________
2. Dico sì a ______________________________
______________________________________________
3. Dico sì a ______________________________
______________________________________________

“ **Credi ai fatti**
**e non accontentarti mai**
**delle parole, perché le**
**azioni non mentono.** ”

# Trasformare il dolore in qualcosa di positivo

Sbarazzarci della sofferenza è il primo passo, ed è per questo che ci siamo soffermati a lungo sull'argomento. Ma il nostro obiettivo è un altro: vogliamo trovarci nella condizione di vivere relazioni sane, trasformare il dolore in un insegnamento che ci permetta di avere nuove opportunità. Arriveremo a quel momento pronti e cambiati.

**Lascia la sofferenza e punta invece a ottenere una rivincita sana.**

E ora dirai: «Fede, hai tanto insistito perché abbandonassi l'idea della vendetta... per abbracciare invece il concetto di rivincita?»

Sì, perché sono due cose diverse. La vendetta è qualcosa

di negativo, significa che io faccio qualcosa di male a te; è distruttiva e mette al centro l'altro per trasformarlo nella nostra vittima. La rivincita invece riguarda te, in maniera costruttiva, proiettandoti verso il futuro: vuoi arrivare al punto in cui puoi dire «Ho vinto». Fare questo cambio di prospettiva comincia dalle parole che scegli di usare, e questo a sua volta ti manda un messaggio importantissimo.

**Per ottenere una rivincita sana puoi iniziare ponendoti una domanda precisa: come faccio a rimettermi al centro della mia vita?**

Questa domanda ti costringe a rivolgere la tua attenzione su di te e ad agire. La risposta può essere difficile o semplice, dipende. Puoi cominciare con piccoli gesti. Prendi un impegno, prenditi cura di te, scegli di uscire con persone che ti fanno stare bene, coccolati, guarda il tuo film preferito, accendi una candela, cucina ciò che ami, fatti fare un massaggio. Solo tu puoi sapere cosa funziona per te; ascoltarti è il primo passo da fare. Dovrai dare a te tutte quelle attenzioni che davi all'altra persona.

Lo so, la vita può essere complicata. Oltre ai problemi sentimentali potrebbero esserci infinite altre complicazioni: un lavoro che non ti soddisfa, impegni famigliari faticosi, per non parlare di malattie e difficoltà economiche.

**“ Il partner giusto fa emergere la versione migliore di te. ”**

## Esercizio

**Prendilo come un impegno e fallo: inizia a pianificare la tua vita, già oggi, mettendoti al primo posto. La priorità sei tu. Rifletti bene su cosa vuoi fare, scegli con cura. Dai la massima importanza alla lista che stai per compilare. Comincia a scrivere «Oggi mi impegno a fare» consapevole che è per te e per nessun altro.**

**Oggi mi impegno a fare:**

1. ____________________

____________________

2. ____________________

____________________

3. ____________________

____________________

4. ____________________

____________________

5. ____________________

____________________

6. ____________________

____________________

## L'arte di renderti felice

Dopo aver preso l'impegno di metterti al centro della tua vita, fermati e concediti il tempo di apprezzare quello che hai fatto. Osserva ciò che di buono hai messo nelle tue giornate, piccolo o grande che sia.

Sii consapevole di ciò che hai, non dare nulla per scontato ed esercita la gratitudine per ciò che hai fatto per riappropriarti della felicità.

La gratitudine ha un potere curativo enorme, a patto che sia un gesto egoista, cioè sia rivolta verso di te. Ti porterà a vedere che puoi scegliere ogni giorno di stare bene. Magari all'inizio si tratterà di piccole cose, ma poi con l'esercizio migliorerai sempre di più nell'arte di renderti felice e donarti amore. Scoprirai che non hai bisogno di cercarlo negli altri, e tanto meno in persone che non sono davvero disposte a farlo.

## Esercizio

**Mettere nero su bianco un pensiero, prendendosi il tempo di scriverlo, è un esercizio molto potente. Elenca qui sotto, o su un foglio di carta, le cose per cui sei riconoscente. Scrivi quanto vuoi: ne basta anche una. Esercita l'arte della gratitudine.**

## Sii protagonista della tua vita

Dopo aver ripreso il centro della tua vita, riuscirai a guardare al passato con una nuova lucidità, da una prospettiva differente.

Sì, ci sono persone che ti hanno fatto del male e che non fanno più parte della tua vita. Hai provato nei loro confronti sentimenti diversi e contrastanti, hai provato dolore, hai rischiato di scivolare nella sofferenza, ma poi hai scelto di essere la tua priorità.

Ora puoi essere grato a chi ti ha ferito, perché ti ha permesso di imparare lezioni preziose, fondamentali per diventare una persona più solida e forte.

Ora puoi farlo, perché non sei più vittima. Sei protagonista della tua vita.

“Certi distacchi
sono doni che impari
a riconoscere
con il tempo.”

# Le sette virtù

Come investire su di sé? Come ottenere quella rivalsa sana e positiva, che deriva da un investimento fatto su di noi? Ci vengono in aiuto sette virtù fondamentali. Le possediamo, ma dobbiamo imparare a coltivarle e a esserne consapevoli.

## 1. Ambizione

Coltivarla è fondamentale, benché qualcuno abbia magari provato a convincerci che sia meglio mostrarci umili e non pretendere troppo. Proviamo invece a vederla come se fosse una miccia che si accende, dandoci la spinta per intraprendere la strada che può portarci verso la felicità. Accontentarsi non è una strategia.

*Allena l'ambizione visualizzando ciò che desideri. Fallo davvero, chiudi gli occhi e immagina ciò che vorresti. Scendi nei dettagli, allunga le mani verso ciò che sogni.*

## 2. Volontà

La scintilla deve diventare fuoco e, perché questo avvenga, serve volontà. Questa si alimenta quando scegliamo di fare ciò che ci piace davvero. Se le nostre vite sono piene di impegni che non abbiamo scelto, è facile ritrovarci svogliati e poco motivati.

*Elenca tutte le cose che stai rimandando e affrontale. Adesso. Dedicaci il tempo necessario. Adesso. Smetti di rimandare, per dimostrare che puoi farlo. Non dare al tuo cervello neppure il tempo di inventare scuse.*

## 3. Coraggio

È ciò che serve per trasformare i nostri sogni in realtà. Per farcela, è spesso necessario un cambiamento. Dobbiamo abbandonare ciò che conosciamo e azzardare un passo verso l'ignoto, mettendoci in gioco. Fa paura, è naturale, ma non esistono altri modi per onorare la vita, questo grande dono che abbiamo a disposizione. Immaginiamola proprio come un regalo che ci viene fatto; davvero vogliamo arrivare alla fine e guardarci indietro scoprendo che è andato sprecato? Di vita ne abbiamo una, ed è nostra responsabilità viverla al meglio. Il coraggio è un atto d'amore verso noi stessi.

*Imponiti di fare qualcosa di nuovo, magari di scomodo. Può essere qualcosa di piccolo, un gesto quotidiano che ti fa uscire dalla tua zona di comfort. Per esempio, se abitualmente non leggi, prendi un libro e comincia.*

## 4. Perseveranza

Teniamo fisso l'obiettivo, anche cambiando strategie di giorno in giorno, a seconda delle difficoltà che incontriamo, ricordando che i grandi obiettivi richiedono tempo. Per scalare le montagne più alte si procede un passo alla volta, affrontando una difficoltà dopo l'altra. Perseverare significa affrontare piccoli stravolgimenti quotidiani, senza mai dimenticare ciò che desideriamo.

## 5. Sacrificio

Spesso vediamo la fatica in ottica negativa, ma è una semplificazione. Il sacrificio ci fa progredire, crescere, è segno che stiamo facendo qualcosa per noi. Stiamo migliorando, evolvendo, diventando migliori. Non parlo di rinunce, attenzione: l'obiettivo finale dev'essere un elemento positivo nella nostra vita.

*Questo invito vale sia per la perseveranza sia per il sacrificio. Continua quel piccolo gesto che ti porta fuori dalla tua zona di comfort. Fallo diventare un'abitudine, continua per almeno tre mesi.*

## 6. Ottimismo

A volte lo vediamo come segno di ingenuità, ma non dovremmo permettere a nessuno di portarci via la speranza che le cose migliorino. Non mi riferisco comunque alla cecità davanti ai problemi: al contrario, l'ottimismo vede i problemi, ma si concentra sulle soluzioni.

*Proteggiti dalle brutte notizie: smetti di seguire le pagine social che alimentano il pessimismo. Dai spazio solo alle voci che portano speranza. Tutelati.*

## 7. L'amore per ciò che fai

Mettendo noi stessi al centro, amandoci, ci assicuriamo

una bussola infallibile che ci guida verso la direzione giusta, dà un senso alle nostre scelte, ci garantisce di investire sull'unica certezza che abbiamo sempre: noi.

*Rivolgiti frasi potenzianti, ogni giorno. Alzati la mattina, guardati allo specchio e riconosci in te il tuo migliore amico e alleato.*

**Coltiva le sette virtù,**
**per diventare la versione migliore di te.**
**Non c'è rivincita più grande.**

# Diventare forti significa accettare la vulnerabilità

Immaginiamo di essere riusciti a rinunciare alla sofferenza, uscendo da quelle dinamiche che la alimentavano. Ci siamo messi al centro della nostra stessa vita, pronti a ricostruirci, a credere in noi e nella nostra futura felicità. Siamo pronti a guardare al futuro, immaginandoci nuovamente innamorati, questa volta della persona giusta. Già, ma come evitare di non commettere gli stessi errori del passato? Possiamo basarci su ciò che abbiamo imparato dalle esperienze, e si tratta di lezioni preziose. Ma dobbiamo anche fare un passo ulteriore, e accettare che l'amore vero ha alcune regole.

**L'amore ha bisogno di onestà.**
**Essere onesti significa anche**
**essere disposti ad accettarsi vulnerabili.**

Dopo aver rinunciato alla sofferenza arriveremo ad accettare di essere vulnerabili. È un passo importante, reso difficile dall'educazione ricevuta, dagli infiniti condizionamenti e dalle convinzioni radicate nella società in cui viviamo.

Spesso, anche senza rendercene conto, crediamo di doverci adeguare a certi modelli di «uomo» e «donna». Sono rappresentazioni che rischiano di diventare tossiche, perché ci convincono di essere sbagliati e ci negano il diritto di essere unici, anche nelle nostre fragilità. Hanno anche una conseguenza nelle relazioni sentimentali, perché ci spingono a giudicare le persone sulla base di un'idea indotta di «giusto» e «sbagliato». Ci aspettiamo determinati comportamenti e restiamo delusi se invece la persona davanti a noi è diversa. Ci impediscono di vedere davvero chi abbiamo davanti, e anche di mostrarci per come siamo. Se non siamo disposti però a metterci in gioco con onestà, diventa difficile pensare di sperimentare l'amore vero, che per definizione è quello in cui possiamo essere noi stessi.

Qui di seguito riporterò le più diffuse convinzioni al riguardo, utili per capire a cosa mi riferisco. È molto probabile che vi ritroverete a dire: «È vero, a volte credo di dover essere così» ma anche, subito dopo: «Però io sono differente».

## Il vero uomo

Da anni raccolgo impressioni su come dovrebbe essere «il vero uomo», e devo dire che complessivamente il profilo che ne esce è abbastanza avvilente. Viene spesso descritto come forte, capace di sedurre e conquistare una donna. Una figura dominante.

«Non mi ha sedotta» è una frase che ho sentito dire più volte come lamentela. Chi la pronuncia si aspetta che a condurre il gioco della seduzione sia esclusivamente lui, l'uomo, che quindi dev'essere deciso nelle sue scelte.

E se lui invece sentisse l'esigenza di prendersi del tempo per capire se davvero c'è sintonia? No, questa ipotesi non sembra essere contemplata, come se l'uomo che sceglie di non essere grande protagonista della seduzione, preferendo piuttosto capire davvero chi ha davanti, venisse giudicato indeciso o debole.

Mettetevi nei panni di un uomo e immaginatevi quanta fatica debba costare privarsi della possibilità di avere dei dubbi.

Molte donne mi scrivono: «Fede, al giorno d'oggi ci sono un sacco di uomini insicuri...»

A me viene spontaneo chiedere: ma è necessariamente un male? Non era strano pensare che l'uomo dovesse essere una sorta di supereroe? Io credo che sia positivo che anche gli uomini oggi abbiano il coraggio di mostrare le proprie insicurezze.

Vi svelo un segreto: ci sono state e ci sono ancora probabilmente persone molto sicure di sé, uomini o donne che siano, ma la maggior parte di noi non lo è affatto. E molti degli uomini che più si mostrano forti e senza incertezze in verità stanno indossando una maschera, nascondendo parti di sé per paura del giudizio.

Il mondo sta cambiando, e sta cambiando in meglio. Per molti genitori di oggi sarebbe impensabile dire al proprio figlio una frase come: «Non piangere, è da femminuccia». Sì, anche gli uomini piangono.

E poi c'è la gelosia, spesso vista come un elemento positivo, manifestazione di un reale interesse. «Ci tiene davvero a me e quindi è geloso» ho sentito dire. Ma basterebbe riflettere con un po' più di attenzione per rendersi conto che in verità la gelosia è proprio un sintomo di enorme fragilità. Chi crede in sé e nell'amore che lo lega a un'altra persona non ha bisogno di alcuna forma di controllo. E l'amore vero non si fonda su un tossico senso di controllo e possesso. Ho a lungo sperato che questa questione venisse superata, ma l'esperienza mi dice che non è così.

Parliamo infine del sesso. Molte donne sono convinte che l'uomo lo desideri sempre e in maniera incondizionata, che sia il suo interesse primario, che sia dominato dal testosterone. E se alla fine di una serata trascorsa insieme lui non fa un passo in quella direzione, allora le donne si arrovellano di domande e di dubbi, fino ad arrivare all'inevitabile conclusione: non gli piaccio.

Anche su questo fronte abbiamo finito per immaginare un modello di uomo lontano dal vero. Il sesso è una questione complessa e piena di sfaccettature, inestricabilmente legata ai sentimenti che proviamo. E quella pressione a essere sempre performanti causa in molti uomini problemi legati all'ansia e alle aspettative. Sembra assurdo doverlo ribadire, e invece diciamolo: siamo esseri umani, prima di tutto, con le nostre insicurezze, la paura di deludere e di essere giudicati. No, l'uomo non desidera sempre fare sesso. Il fatto di non desiderarlo, in una situazione specifica, non lo rende meno virile o meno forte. Negare all'uomo la possibilità di provare e manifestare sentimenti è una violenza, e certamente non facilita i rapporti umani.

Credere nella favola per cui l'uomo debba essere forte, sicuro di sé, sempre pronto a fare sesso, porta una visione distorta della realtà. Finirà per farci credere che sia sbagliato ciò che sbagliato non è affatto, impedendoci di comprendere davvero gli uomini che incontreremo; e, di conseguenza, sarà difficile costruire un amore sano.

## La vera donna

Alle donne non va molto meglio. Anche loro sono spesso costrette a adeguarsi a modelli molto lontani dalla complessità di ciascuna di loro, che le costringono a inseguire aspettative irrealizzabili.

Parte dell'immaginario relativo alla vera donna ha le proprie radici in quel passato in cui una ragazza trovava la sua realizzazione nel ruolo di madre e moglie. È stato così per secoli, ed è difficile in effetti immaginare che le cose possano cambiare nel giro di qualche generazione. Anche se oggi sono sempre di più le donne che studiano, affrontano carriere impegnative piene di soddisfazioni e riescono ad avere un rapporto molto equilibrato con l'idea di metter su famiglia, resta nella testa di molte persone l'idea subdola che la donna debba avere certe caratteristiche, ancora legate a quel modello famigliare.

Remissiva, obbediente, sempre dolce, disponibile... In sintesi una perfetta presenza al servizio del mondo domestico degli affetti. Molte cose sono cambiate nei decenni passati, e se n'è parlato in maniera molto più esplicita rispetto a quanto sia accaduto con l'uomo. Il cambiamento in effetti è sotto gli occhi di tutti, con moltissime donne diventate economicamente indipendenti. L'indipendenza è un tema talmente importante da trasformarsi in una sorta di bandiera della propria identità.

Ma esattamente come l'uomo ha diritto a piangere, così qualsiasi donna ha diritto ad avere i propri momenti di fragilità. Non è giusto immaginare un destino che releghi il mondo femminile alle faccende domestiche e alla cura della famiglia, ma non possiamo neanche immaginare che le donne debbano essere imprigionate nello stesso modello che un tempo era prerogativa maschile.

## Mostrarsi per quello che si è

L'essere umano è un animale sociale e ha bisogno di sentirsi parte di un gruppo. E nella nostra società è più vero che mai: impossibile cavarsela completamente da soli nel mondo moderno. Ma non è soltanto una questione pratica; c'è un aspetto emotivo che appartiene a ciascuno di noi: fin dalla nascita abbiamo bisogno di amore. Ciascuno di noi prova piacere a sentirsi parte di una famiglia, a essere circondato da amici e ad avere un partner al proprio fianco. Riconoscerlo non significa essere persone fragili o bisognose, bensì semplicemente comprendere la nostra natura di umani. Amare ed essere amati è bello – a patto ovviamente di trovare la persona giusta – e non c'è nulla di male ad ammetterlo.

Facciamo una precisazione importante. Riconoscere che l'amore ha un ruolo importante nella nostra vita è diverso dal non sentirsi completi senza qualcuno al nostro fianco. Nel momento in cui riconosciamo in una persona la nostra unica fonte di amore, sentendone quindi un'esigenza viscerale, perché senza lei o lui non possiamo farcela, allora dobbiamo chiederci se non stiamo sperimentando una dipendenza affettiva.

È un argomento molto delicato, troppo complesso per essere trattato in queste pagine. È giusto però accennarlo per ricordare in generale che c'è qualcosa di poco sano nell'affermare di non aver bisogno di nessuno e di bastare completamente a sé stessi, così com'è pericoloso l'opposto, cioè quella sensazione di chi sente di non poter vivere senza l'amore del proprio partner, perché l'intera possibilità di essere felici dipende da lui o da lei, tanto da arrivare a mettersi in secondo piano pur di non rischiare di perdere quella persona. Nessuno di questi due estremi funziona.

Avere consapevolezza di questi modelli è importante per non scivolare nell'errore di credere che gli uomini e le donne siano fatti «in un certo modo», e giudicare di conseguenza le persone che incontriamo. L'altro grave errore che rischiamo di commettere è quello di chi, per paura del giudizio, si nasconde. Penso per esempio all'uomo che non vuole mostrare le proprie fragilità, convinto che la donna che ha davanti lo giudichi male. E penso alla donna che ci tiene a far immediatamente capire che lei in fondo non ha bisogno di nessuno.

**Mostrarci diversi da chi siamo davvero non è una strategia che paga. Può funzionare per incuriosire l'altro ad arrivare al secondo appuntamento, ma difficilmente ci porterà a un amore vero.**

Molte persone credono di dover nascondere la propria vulnerabilità per apparire affascinanti, nella convinzione che questo le renderà più attraenti. Così facendo commettono due grossi errori.

Primo: non esiste forza senza vulnerabilità. Appare molto più forte e sicura di sé la persona che ammette le proprie fragilità. Raccontarle ci fa apparire più sicuri di noi. «Guardami, non ho nulla da nascondere, so che affronterò le mie paure» è il messaggio che arriva. Chi si presenta come un supereroe, al contrario, lascia immaginare che stia nascondendo qualcosa. Dev'essere così, perché non esiste essere umano senza fragilità...

Secondo: non c'è nulla di più affascinante di una persona che ha attraversato il dolore, trasformando le difficoltà in opportunità di crescita. Ha imparato dalle proprie sofferenze ed è diventata migliore. Prova a pensarci: è molto più semplice creare una connessione umana con una persona disposta a parlarci anche delle sue fragilità. Ci immedesimiamo, sappiamo che potrà capirci.

**Parlare di vulnerabilità è segno di autenticità.**

Cosa succede se nascondiamo la nostra vulnerabilità?

Capita spesso di farlo, perché siamo nella società della performance, dove dobbiamo dimostrare costantemente i nostri successi e la vulnerabilità viene vista come un difetto, qualcosa che non va bene.

Il prezzo da pagare per tutto questo è la condanna a recitare un copione. Pensate alla donna che sente di dover apparire perfetta, con un fisico scolpito, in grado di soddisfare i bisogni di tutti. Lavora e dev'essere indipendente, ma anche mamma perfetta e padrona di una casa pulitissima e organizzata. E quando incontra un uomo – perché spesso la donna supereroina è single – si trova a elogiare sé stessa, mostrando i propri successi e recitando il ruolo della «vincitrice».

Chi si nasconde dietro questa immagine di perfezione spesso si protegge da un dolore passato: non mostra più la propria vulnerabilità, temendo che gli altri la useranno contro di lei. Resta nel suo guscio, proteggendosi da un'eventuale sofferenza.

Per capire l'effetto di chi si racconta perfetto basta mettersi nei panni dell'altro: immaginate di incontrare qualcuno che afferma di non avere bisogno dell'amore, che si mette su un piedistallo, che sembra giudicare gli altri. Non sono certo i presupposti giusti perché venga voglia di aprirsi...

«Ma come, la donna perfetta non è affascinante?» mi chiederete.

No, la donna perfetta sembra irraggiungibile. Un uomo potrebbe arrivare a pensare di non essere all'altezza; renderla felice è impossibile, quindi che senso ha provare a conquistarla? E di conseguenza scappa.

Oppure potrebbe cadere la maschera della perfezione,

e allora l'uomo realizza che la persona che ha davanti non è autentica. Stesso risultato: si allontana.

Sento spesso parlare di seduzione, di strategie che bisogna adottare per far cascare ai propri piedi la persona con cui si esce, di recitare un copione, di fingere… Non fidarti, sono stupidate. Non funzionano.

**La più potente arma di seduzione è l'autenticità.**
**Chi riesce a essere sé stesso, vince.**

Pensaci. Se va bene, sei te stesso e non c'è cosa più bella: l'altro ti ama per quello che sei. Se va male, semplicemente non sei la persona giusta per l'altro, almeno in questo momento.

Il mio consiglio non è di snaturarsi e fingere di essere una persona che non sei, ma di migliorare la tua comunicazione per riuscire a raccontare al meglio i tuoi pensieri, i tuoi valori, le tue idee.

Indossare una maschera al contrario ti allontana dall'obiettivo, ovvero avere una storia d'amore.

**“ Se devi fingere
di essere qualcuno
che non sei per lui,
significa che lui ti sta
mostrando ciò che è:
la persona sbagliata. ”**

## Le conseguenze di fingere di essere qualcuno che non si è

*Ti allontana da chi sei davvero*

Fingere ti porta a rifiutare una parte importante di te, quella che riguarda le tue vulnerabilità. E questo ti priva di una parte di te terribilmente affascinante.

*Abbassa l'autostima*

Indossare la maschera della persona sempre forte ci fa credere di non poterci permettere alcuna sconfitta. Se ci aspettiamo di essere sempre vincenti e poi non portiamo a termine un obiettivo, inizieremo a considerarci dei falliti. Inizieremo a pensare che è colpa nostra, che siamo sbagliati.

*Finisci per mentirti*

Penso a chi si ripete cose del tipo: «Se vuoi, puoi». Suona bene, ma è falso. Le neuroscienze hanno dimostrato che sono frasi disfunzionali, perché ci sono cose che non si possono controllare. E anche se vuoi... magari non riesci, e spesso non per causa tua ma di circostanze esterne. Piuttosto che convincerci di essere onnipotenti, potremmo utilizzare le nostre energie per accettare che ogni trionfo passa anche attraverso gli insuccessi.

*Fai più fatica a creare connessioni emotive con le persone*

Se rifiuti la vulnerabilità farai fatica a creare connessioni emotive non solo con le persone in generale ma con i potenziali partner. Parlare dei propri fallimenti incoraggia l'altro a fare altrettanto, rinforzando la relazione. E poi è più facile riconoscersi ed empatizzare con qualcuno che nella vita ha anche perso.

**Come abbiamo già visto,**
**l'amore sano dipende in gran parte da noi stessi.**
**Come possiamo sperare di raggiungerlo,**
**se mentiamo?**

# Esercizio

**Scrivi qui, o su un foglio di carta, prima come vorresti che le persone ti vedessero, e poi quello che stai facendo per diventare quella persona. Vuoi apparire indipendente? Interessante? Sicuro? Cosa stai facendo per esserlo?**

**Come vorrei che le persone mi vedessero**

______________________________________________

______________________________________________

______________________________________________

______________________________________________

______________________________________________

______________________________________________

**Cosa sto facendo per diventare quella persona**

______________________________________________

______________________________________________

______________________________________________

______________________________________________

______________________________________________

______________________________________________

# Che tipo sei?

Negli anni ho conosciuto e seguito migliaia di persone insieme a un team di psicologi, e in tantissimi casi ho riconosciuto dei tratti ricorrenti, caratteristici di un certo modo di pensare e comportarsi. Ogni persona è unica; eppure, quando si tratta di amore e relazioni tossiche ci sono singolarità che si ripetono. Credo sia legato agli stereotipi di cui abbiamo già parlato, almeno in parte.

Prima di continuare, è bene fare una precisazione: non sono qui per «etichettarti», fare diagnosi, dirti che ti comporti in maniera giusta o sbagliata. Le tipologie di uomini e donne che ho incontrato e imparato a riconoscere con l'esperienza sono utili soprattutto per fare alcune riflessioni.

Magari ti riconoscerai in ciò che sto per dire, magari no. In ogni caso, le prossime pagine ti aiuteranno ad aumentare la consapevolezza e a riflettere su come ogni nostro comportamento viene inevitabilmente interpretato dalle persone attorno a noi, portandole anche a reagire in un certo modo piuttosto che in un altro. Se dovessi riconoscerti in qualcosa, sappi che non è una condanna. Nel corso di tutta la vita continuiamo a imparare qualcosa su noi stessi, anche per migliorare ed evolvere.

Cominciamo quindi con i tre profili di donna che più frequentemente ho incontrato.

# Tre tipologie di donne

## La donna bisognosa

Ha una bassa autostima, tende a non mettersi al centro della scena e a porre sempre in primo piano le esigenze e i desideri altrui, convinta più o meno consapevolmente che ciò la aiuti a non restare sola e a trattenere al suo fianco gli uomini. Questo atteggiamento, però, rischia di farla scivolare in dinamiche tossiche, poco sane.

Come abbiamo già avuto modo di notare, tutti noi in qualche modo abbiamo bisogno di amore. È un bisogno primordiale. In passato alcuni studiosi lo hanno persino dimostrato con degli esperimenti scientifici. Un ricercatore ha messo dei cuccioli di scimmia appena nati di fronte alla scelta: meglio attaccarsi a delle «finte mamme» che riproducevano fedelmente l'abbraccio caloroso di un genitore, o invece avvicinarsi a una struttura metallica da cui i piccoli avrebbero potuto esclusivamente ricavare nutrimento? Tra il latte e il conforto di un abbraccio, i piccoli hanno preferito l'abbraccio.

Quindi tutti abbiamo bisogno di amore. Ci mettiamo in una posizione critica quando, per ottenerlo, dipendiamo esclusivamente dal nostro partner. L'ipotesi di venire lasciati diventa a questo punto insostenibile. La donna che qui definisco «bisognosa» cerca nella persona di cui si innamora una soluzione per far fronte a una propria esigenza. Incapace di costruirsi un senso di amore in maniera indipendente, facendo affidamento su una rete più ampia di relazioni e sulla propria autostima, cerca di colmare il vuoto con la relazione sentimentale.

Te lo dico chiaramente: non funziona.

L'amore aggiunge, non riempie. Se abbiamo alta autostima aggiunge autostima, se pensiamo di essere speciali allora l'amore amplifica quella sensazione. Ma se al contrario l'autostima è bassa, quello che l'amore aggiungerà non sarà bellezza, non sarà supporto, non sarà luce; ti farà sentire ancora peggio, ancora più brutta, ancora più non meritevole d'amore.

Ma la donna bisognosa resta convinta che senza l'amore di un partner non possa sentirsi né felice né realizzata. Da sola si sente incompleta. Cerca un uomo che possa salvarla, dandole quelle conferme che la sua autostima non sa darle e dimostrando con la sua presenza che lei ha valore. Senza rendersene conto, sta cercando in qualcun altro ciò che dovrebbe darsi da sola. E nell'attesa aspetta, rassegnandosi a una vita che non è come sognava.

Questo approccio alle relazioni emerge da come lei stessa si descrive, confondendo l'essere single con l'essere sola. Alla domanda «Sei innamorata?» lei risponderà così: «No, sono sola» come se la mancanza di un partner la condannasse alla solitudine. A forza di ripeterlo, questa idea le entrerà in testa e diventerà la realtà. Ed è ingiusto, perché si può non essere innamorati, non avere un partner, e comunque non essere affatto soli.

Ti faccio un esempio, per capire lo spirito della donna bisognosa: se stai affogando tra le onde, non importa chi sia il bagnino che si tuffa, perché conta solo che venga a salvarti... E con questo esempio pratico possiamo capire che:

**Se vedi il partner come qualcuno**
**che ti ha salvato la vita,**
**non lo metterai mai in discussione. Mai.**

Riconoscerai questa attitudine facilmente: quando comincia a frequentare qualcuno, la donna bisognosa improvvisamente abbandona hobby, impegni e passatempi, smette di farsi sentire e prende le distanze dagli amici. La sua priorità è lui, quindi l'intera sua vita va riorganizzata intorno all'uomo che finalmente dà un senso alla sua esistenza, portando amore. È la donna che cambia per il partner, pronta a qualsiasi cosa pur di piacergli e di essere «scelta» e quindi amata. È la donna che poi, quando viene lasciata, dice: «Ho dato troppo, ho dato tutto e non ho ricevuto nulla in cambio».

Qui alcuni comportamenti su cui riflettere, che difficilmente porteranno chi li mette in pratica a vivere un amore vero.

- Tende ad accontentarsi, perché sentirsi amata è più importante rispetto a trovare la persona giusta per lei. Spesso dice: «Dove lo trovo un altro che vuole stare con me?»
- Si butta nelle relazioni, persino troppo velocemente, senza darsi il tempo di capire se la persona che ha incontrato è davvero quella giusta per lei. È quella che manda continuamente messaggi, non perché abbia qualcosa da dire, ma per sentire la vicinanza, e poi controlla le spunte blu e si convince che lui non ci tiene davvero perché non ha risposto subito.
- Ha un'idea chiara di ciò che dovrebbe accadere nella sua vita, a prescindere dalla persona che ha accanto a sé. Sente di dover tagliare una serie di traguardi: è convinta che tutte le altre siano un passo avanti, già fidanzate, magari conviventi e proiettate verso l'idea di avere un bambino. Invece lei è indietro. Che sia vero oppure no, poco importa.

- Cerca conferme, le chiede a parole e anche con i fatti, e se non le riceve si mostra ferita, magari cercando di suscitare nell'uomo che frequenta un senso di colpa. Una frase tipica è: «Se mi amassi davvero...»
- Il modo in cui affronta una relazione è in gran parte determinato dalla sua paura di essere lasciata e ritrovarsi sola. Quello è il terrore più grande, un'eventualità da scongiurare a ogni costo. Ciò che desidera davvero dall'altra persona conta meno rispetto al fatto che l'altro resti al suo fianco, quindi è disposta a scendere anche a grandi compromessi.
- Fatica a esprimere le proprie preferenze, a mostrare sé stessa per com'è davvero, a chiedere al partner ciò che lei preferisce, per poi restare comunque delusa se le cose non vanno come desiderava.

Nessun comportamento è di per sé in assoluto giusto o sbagliato: lo diventa se ci fa soffrire o ci allontana dagli obiettivi a cui miravamo. In questo senso è utile riflettere su come quegli atteggiamenti potranno venire percepiti dalle persone che incontriamo, quelle di cui potremmo innamorarci. E quindi, come si comportano gli uomini con una bisognosa?

Ovviamente qui stiamo parlando di un uomo con un approccio sano all'amore, generalizzando la questione e senza la presunzione di sapere come si comporterebbe nella realtà un uomo in carne e ossa.

All'inizio la donna bisognosa attrae. Sa mostrarsi disponibile e condiscendente, sa risultare gradevole senza dare grossi problemi. I primi appuntamenti generalmente funzionano. Lei trova una persona che le piace, si rende amabile e quindi suscita interesse, e al primo appuntamento ne seguono altri. Ed è a quel punto che iniziano i problemi.

Quell'enorme bisogno di amore si fa sentire. L'uomo finisce inevitabilmente per riconoscerlo, e quindi comprensibilmente si porrà la domanda: «Lei mi ha scelto perché mi apprezza davvero o solo perché ha bisogno di un compagno?» Questo dubbio può ingigantirsi quando c'è il sospetto che la donna sia mossa per ragioni decisamente più complesse rispetto al semplice e sincero sentimento. Può sorgere il dubbio che lei voglia fidanzarsi, che abbia bisogno di un compagno per non sentirsi sola, se non peggio: e se fosse che tutte le sue amiche hanno un partner e lei è l'unica senza? E se fosse che l'orologio biologico si fa sentire, insieme al desiderio di mettere su famiglia? A nessuno piace sentirsi «usato», mai e in nessuna situazione, soprattutto in amore.

Un altro comportamento che suscita perplessità nel probabile partner è la fretta, quella di chi al secondo appuntamento sembra già troppo attaccata e coinvolta. Sentirsi apprezzati è gratificante, ma l'uomo sa che non c'è stato davvero il tempo di conoscersi, quindi perché è stato scelto?

Tutte queste dinamiche finiscono per ferire prima di tutto la donna bisognosa, che si ritrova in una dinamica che ne abbassa ulteriormente l'autostima. Perché all'inizio le cose vanno discretamente bene, lei è felice e coltiva la speranza di aver incontrato la persona giusta, quella che l'amerà. Il suo comportamento però finisce per allontanare il possibile partner, che facilmente prenderà le distanze, magari anche senza dare grosse spiegazioni (pensateci, in fondo si stavano frequentando da poco e sarebbe sgradevole condividere le riflessioni di cui abbiamo parlato qui sopra).

Per lei sarà un duro colpo: ancora una volta non ha funzionato, ancora una volta si ritrova sola, e magari non sa neanche capirne la motivazione. È probabile che finisca per dare la colpa a sé stessa, rivolgendosi anche pensieri depotenzianti: «Non sono abbastanza». Ma con la stima che si abbassa è facile che si accentui quella tendenza ad accontentarsi, che la rende agli occhi dei possibili partner una persona che cerca disperatamente l'amore.

**Più a lungo rimani sul treno sbagliato,**
**più costoso sarà tornare a casa quando scendi.**

Questa realtà sarebbe l'ipotesi migliore. La peggiore è che la donna bisognosa incappi in un *love bomber*, figura disfunzionale che facilmente viene attratta nell'orbita delle donne in cerca d'amore. Sto parlando di quegli uomini che a loro volta hanno bassa autostima – già, perché difficilmente una persona con bassa autostima attrae qualcuno con alta autostima – e seducono con tantissime attenzioni, spesso esagerate e teatrali. Sembra l'amore a prima vista, passionale, quasi da romanzo. In verità l'uomo lo sta facendo per il proprio ego, per nutrire le proprie insicurezze con le attenzioni di lei. E questo andrà avanti finché lui non dimostrerà la propria forza, lasciandola.

**In breve:**

- *Ha bisogno di rassicurazione.*
- *Si accontenta.*
- *Ha fretta.*

## La donna respingente

È la donna che ha sofferto in passato al punto da aver raggiunto un momento di rottura in cui ha smesso di avere fiducia nell'amore. Infatti sente di doversi proteggere e costruisce un muro attorno a sé; e probabilmente nel breve periodo è stata anche una buona decisione, perché l'ha protetta.

Il fatto che lei oggi creda che l'amore coincida necessariamente con il dolore, perché così è stato nelle sue relazioni passate, è una verità ormai assimilata che non mette in discussione. Sente di aver capito gli uomini, quindi si mette su un piedistallo e giudica. La sua convinzione però è anche consolante, un alibi a cui aggrapparsi, utile per giudicare il mondo e le persone che incontra.

Così la donna respingente si racconta moltissime storie, dipingendo l'amore com'è più comodo per lei, perché immaginarlo come sicura fonte di delusione significa in fondo non prendersi le proprie responsabilità e non doversi fermare per capire cos'è andato storto in passato. Lo evita, perché significherebbe probabilmente rendersi conto di aver commesso qualche errore.

No, è molto più semplice pensare che «in amore le cose non andranno mai bene». E allora ricordiamolo: l'amore di per sé è meraviglioso, non fa soffrire. Se soffriamo è per colpa delle scelte sbagliate, degli errori che ci hanno portato verso persone che non erano giuste per noi, di tutte le volte che abbiamo deciso di dare una seconda possibilità a chi non la meritava. È questo che ci fa soffrire, tutte le decisioni sbagliate che prendiamo quando ci sentiamo innamorati.

Pur di non ammetterlo, la donna respingente dà la colpa all'amore. Si protegge ma allo stesso tempo si condanna a vivere dietro un muro fatto di credenze limitanti e pericolose generalizzazioni: i maschi sono tutti traditori, non ci si può fidare di nessuno, la gente vuole solo approfittarsene...

**Il vero coraggio non è quello di costruire muri, ma di aprire il cuore e dare una nuova chance all'amore, perché ogni giorno è un'opportunità per riscrivere la propria storia.**

E allora vi chiedo di rispondere con onestà a questa domanda: come pensate di approcciarvi agli uomini se siete certe che si interessano a voi solo per ferirvi? Sarà un approccio positivo o negativo? È davvero difficile nascondere questa mancanza di fiducia. L'uomo con cui uscite inevitabilmente intuirà di essere visto con sospetto. Avrà l'impressione che voi gli stiate chiedendo di dimostrarvi che non è il mostro che credete che sia. Ma mettetevi nei suoi panni: non ha fatto nulla di male. La risposta più naturale di chi si sente messo sotto accusa senza aver ancora fatto niente è quello di prendere le distanze.

Facilmente la donna respingente scivola in questi comportamenti.

- In fondo desidererebbe innamorarsi e avere un uomo al suo fianco, ma prima di tutto sente di doversi proteggere, e questo la rende vagamente aggressiva. Trasmette un messaggio molto facile da cogliere: «Non ho bisogno di nessuno, tantomeno di te», che di certo non aiuta le persone che la incontrano a fidarsi e ad aprirsi con lei…

- Si convince che gli uomini più affascinanti a loro volta apprezzino le donne supponenti, con un'autostima altissima, indipendenti e anche un po' sprezzanti. Poi, però, si domanda perché dopo il primo appuntamento spesso non viene richiamata...
- Chiede agli uomini che frequenta di superare delle prove, per guadagnarsi la loro fiducia. Nella sua testa è tutto chiaro: ha sofferto, è stata ferita, non si fida, quindi chi la desidera deve guadagnarsi la sua fiducia. «Se ti interesso devi impegnarti» sembra suggerire. Ma il corteggiamento è reciproco, e poi gli uomini che incontra non è detto che sappiano che cosa ha passato, né tantomeno che se ne voglia fare carico...

Spesso accade che gli uomini fuggano da lei già dopo i primi tempi, perché la vedono sarcastica e giudicante. Potrebbe succedere anche dopo aver fatto sesso, se l'attrazione era forte: e allora lei trova conferma di quella sua credenza.

È una sorta di profezia autoavverante: le nostre paure condizionano il modo in cui ci comportiamo, spingendoci verso atteggiamenti che realizzano proprio le nostre paure... La donna respingente dice: «Non sono destinata ad avere una relazione». Quando esce con un uomo è sarcastica, ha bisogno di fargli superare delle prove e l'uomo scappa. Con il suo atteggiamento ha fatto accadere ciò che era previsto dalla sua credenza limitante.

Quando lui se ne andrà, lei dirà: «Visto? Avevo ragione. Lo sapevo, non riuscirò mai a essere amata. Tutti scappano da me».

Questo non succede perché la donna respingente sia sfortunata, ma perché fa accadere ciò che teme succederà.

**In breve:**

- *Sta sul piedistallo.*
- *Ci tiene a mostrare di non aver bisogno di nessuno.*
- *Giudica.*

## Il mix: la donna bisognosa-respingente

È una donna con una bassa autostima che finge di essere sicura, indossando una maschera da supereroina, alternando una fase in cui è respingente con un'altra in cui mostra la sua natura di bisognosa. Tenta strategie, perché fa fatica a mostrare sé stessa con onestà. In genere è emotivamente poco solida, con idee confuse in merito a ciò che desidera. Infatti i suoi comportamenti tendono a confondere gli uomini che frequenta, perché lanciano messaggi contraddittori.

Cerca risposte fuori da sé, quindi esce con uomini molto diversi tra loro, in cerca della persona giusta. Sogna l'amore ma allo stesso tempo lo allontana. Vorrebbe una storia seria, ma è una donna ferita quindi lei per prima fatica a crederci.

Questi sono i suoi comportamenti critici.

Davanti all'uomo che si dimostra forte mostra la sua indole respingente, perché lo percepisce come una potenziale minaccia. L'eventualità che lui si innamori risuona dentro di lei come un pericolo, perché l'esperienza le suggerisce che l'amore può essere un pericolo.

Il bravo ragazzo la convince invece a mostrarsi come «la principessa nella torre», la donna da conquistare. Lo pone davanti a prove che ne testano la buona volontà, e lui deve dimostrare le sue buone intenzioni, farle capire che ci tiene davvero. Nel caso in cui lui si stanchi e decida di aumentare le distanze, allora cede, perché il desiderio di essere amata è troppo forte. Allora si trasforma, mostrando la sua parte più bisognosa. Sarà pronta a bruciare le tappe, a credere davvero nella relazione, a fare di tutto perché lui non la lasci.

È difficile innamorarsi e fidarsi davvero di qualcuno di cui non capiamo bene le motivazioni. All'inizio può esserci la curiosità di scoprire chi abbiamo davanti. Certi comportamenti ambigui della donna possono sembrare interessanti, ma alla lunga è naturale voler capire le intenzioni della persona di cui ci potremmo innamorare.

Davanti a un'eccessiva confusione l'uomo con una visione sana dell'amore capisce che mancano i presupposti per una relazione, e nello spiegare le ragioni del proprio allontanamento potrà ammettere di desiderare una persona più equilibrata.

La donna che manda messaggi confusi, che si approccia all'amore con strategie, incapace di mostrare sé stessa, facilmente viene percepita semplicemente come troppo impegnativa. Troppe sono le sue sfaccettature; può cambiare atteggiamento anche senza ragione. «Non la renderò mai felice» è il pensiero che attraverserà quindi la testa di molti uomini.

Comunque vada, è frequente che questo genere di donne non veda la propria instabilità e dia la colpa rigorosamente agli altri.

**In breve:**

- *È poco chiara.*
- *Cambia atteggiamento in base alla situazione.*
- *Fatica a mostrarsi autentica.*

**“ Non temere la solitudine. È molto più temibile avere al tuo fianco la persona sbagliata. ”**

# Tre tipologie di uomini

## L'uomo predatore insicuro

È un uomo caratterizzato da una bassa autostima, e questo ha ripercussioni sul modo in cui affronta le relazioni, che sia single o fidanzato. Sente l'esigenza di conquistare le donne per dimostrare il proprio valore, in un meccanismo simile a quello della bisognosa. Anche lui deve riempire un vuoto che sente dentro, e lo fa ricevendo attenzioni e sentendosi desiderato.

Non cerca davvero l'amore o una relazione: ha soprattutto bisogno di sentirsi un conquistatore, come se scoprire di essere desiderato dalle donne – anche più di una, idealmente – fosse una conferma del suo essere un uomo vero, un maschio alfa.

È probabile che voglia sedurre donne attraenti o desiderate, considerandole poi un trofeo da esibire. Avendole al suo fianco pensa di poter suscitare l'ammirazione del mondo. Così si sente guardato: dal gruppo di amici, dalla compagnia che frequenta, dalla gente del paese in cui vive, dalle persone che incontra nei locali. Non è tanto un reale interesse nei confronti della donna a muoverlo, quanto un tentativo di affermare sé stesso di riflesso. Il ragionamento è semplice: guardatemi, la più bella ha scelto me.

La relazione diventa problematica quando la donna in questione chiede (comprensibilmente) di uscire da quella dinamica e aspira a essere qualcosa di più di un semplice trofeo. A quel punto lui fatica a reggere un confronto alla pari e ha l'esigenza di mantenere il controllo della relazione, perché è così che si sente forte. L'insicurezza potrebbe portarlo a imporsi, anche in maniera tossica o violenta; è il genere di uomo che può diventare geloso, per esempio.

Anche senza arrivare a questi estremi, la relazione resta comunque fondata su basi pericolose, perché mancano rispetto, fiducia e reciprocità. La verità è che questi suoi comportamenti mostrano proprio la sua fragilità, il modo in cui dipende ed è influenzato dai giudizi altrui. Una persona sicura di sé non ha bisogno dell'ammirazione degli altri né di sentirsi superiore o migliore, non ha bisogno del giudizio esterno per sentirsi valido. L'arroganza è il più grande sintomo di fragilità.

**Ma ricorda: nessuno può farti del male senza il tuo permesso.**

Questo tipo di uomo si stanca velocemente della donna con cui sta uscendo, perché preferisce il momento della seduzione rispetto a quello in cui la relazione va approfondita affinché diventi seria. Tende a dare importanza soprattutto alle caratteristiche esteriori e superficiali della partner e a farsi influenzare dagli altri: se nel suo gruppo di amici una ragazza è considerata particolarmente interessante, lui vorrà sedurla.

Quando riesce ad approfondire una relazione, è solitamente con ragazze dal carattere fragile o dalla personalità debole. E comunque fatica a rinunciare al flirt, perché ha bisogno di quel genere di attenzioni per sentirsi virile e apprezzato.

Il predatore rischia di causare dolore, ma a muoverlo è la profonda insicurezza che ha dentro, di cui lui stesso è vittima per via della sua incapacità di coltivare rapporti profondi e autentici. A peggiorare le cose c'è il fatto che sia spesso percepito come l'elemento «forte» della coppia, quindi la sua fragilità non viene riconosciuta. Il predatore insicuro spesso prova attrazione per la bisognosa, perché entrambi con i propri comportamenti compensano le rispettive fragilità. Non sono però relazioni destinate a durare, almeno non a sfociare in un amore vero e sano.

**In breve:**

- *Fatica ad andare a fondo di una relazione.*
- *Vive dell'approvazione degli altri.*
- *Si sente maschio solo corteggiando.*

## L'uomo nella grotta

Ha un'autostima contenuta e limitata, fa affidamento sulla sua parte razionale perché ha difficoltà a connettersi con quella emotiva. Affronta la vita ragionando e non riesce a comprendere le proprie emozioni. Questo si ripercuote un po' in tutte le relazioni, ma specialmente in quelle sentimentali.

Fatica a comunicare e a farsi capire, e spesso non è colpa sua: è cresciuto in un contesto in cui non gli è stato insegnato e i suoi modelli di riferimento, da cui avrebbe potuto imparare, avevano lo stesso limite. Quando si relaziona con una donna che invece ha un approccio più equilibrato e limpido con i propri sentimenti, potrebbe sentirsi disorientato o privo degli strumenti necessari a orientarsi. Davanti a un confronto potrebbe chiudersi nel mutismo, a isolarsi o a spostare la discussione da sé all'altra persona.

Gestisce qualsiasi tipo di conflitto in maniera molto goffa. Potrebbe andare all'attacco e quindi incolpare la partner, dando a lei la responsabilità della tensione che sta vivendo, oppure evitare del tutto il confronto.

**Lo chiamo «uomo nella grotta» proprio per questo suo approccio primitivo all'emotività.**

Risponde a monosillabi, si innervosisce, fatica a spiegare il proprio punto di vista, spesso perché lui stesso non riesce a capirlo del tutto. Quando proprio deve affrontare il confronto capita che alzi la voce, in preda alla frustrazione e al nervosismo.

Alle donne risulta difficile da comprendere. Lui stesso talvolta si sente pressato, non riesce a gestire le situazioni di stress o incertezza, davanti alle difficoltà potrebbe mettere in discussione l'intero rapporto, incapace di affrontare i singoli problemi. Persino un inconveniente esterno alla coppia potrebbe mettere in crisi l'amore: se perde il lavoro o affronta una qualsiasi difficoltà, si chiude in sé stesso. I suoi silenzi però possono essere interpretati come mancanza di interesse, e la partner rischia di sentirsi ignorata, messa da parte, esclusa o rifiutata.

L'uomo nella grotta fatica a farsi conoscere, a raccontarsi, cerca di mantenere la conversazione su un piano più superficiale. Con il passare del tempo, quando diventa impossibile nascondersi, sceglie la tattica del camaleonte, adeguandosi alle preferenze della donna conquistata.

Quando è innamorato lo manifesta soprattutto a gesti, mostrandosi anche molto romantico. Non è però un uomo abile nel corteggiamento: attrae le donne più razionali, ma raramente il suo atteggiamento funziona con le donne bisognose.

**In breve:**

- *Non è a proprio agio con le emozioni.*
- *Non è comunicativo.*
- *Fatica a capire sé stesso.*

## L'uomo indispensabile

È l'uomo che più frequentemente mi capita di incontrare, quello che ha bisogno di sentirsi indispensabile per la sua compagna. Può avere un'autostima alta, media o anche bassa, e a seconda del caso cambia moltissimo il suo approccio alle relazioni – già, non è questo l'elemento determinante.

Quando ha un'autostima alta, la relazione sarà sana e il suo bisogno di sentirsi indispensabile prenderà una deriva equilibrata; insomma, è il compagno su cui si può contare, presente, disponibile. Se invece l'autostima è bassa, allora è facile che la relazione prenda derive tossiche. In questo caso accade che l'uomo tenda a coltivare una sorta di dipendenza; la sua partner deve avere bisogno di lui, che poco alla volta diventerà il centro della sua vita. Vorrà anche sentirselo dire, perché ha bisogno di conferme verbali.

L'uomo indispensabile va in crisi quando la donna sceglie di fare qualcosa da sola e di essere indipendente. Quando è single, di solito resta lontano dalle donne più forti, aggressive o arroganti, mentre cerca quelle bisognose, perché sanno gratificare il suo bisogno di sentirsi utile.

Questo genere di uomo soffre del cambiamento dei tempi. Se una volta dagli uomini ci si aspettava il sostentamento della famiglia, perché la figura maschile aveva un ruolo piuttosto definito nella società, oggi è diverso: l'uomo indispensabile si scopre disorientato dalla mancanza di punti di riferimento. Si rifà a quel modello passato, riportandolo nel presente.

**In breve:**

- *I suoi comportamenti sono fortemente influenzati dal livello di autostima.*
- *Patisce le donne indipendenti e forti.*
- *Legato a dinamiche sociali ormai superate, si scopre disorientato dalla mancanza di punti di riferimento.*

“ **L’amore non lo si mendica da chi non ti vuole, lo si dà a chi ti merita.** ”

# Piccolo vademecum per le mie lettrici: superare i nostri confini

Non esistono formule magiche, però possiamo migliorare e acquisire gli strumenti per superare certi comportamenti. Non è facile, ma è necessario lavorare duramente per abbandonare i copioni sabotanti.

So a cosa stai pensando: tu soffri e vorresti una soluzione facile. Ma no, non ci sono scorciatoie per riuscire a costruire una relazione sana.

Si cambia ogni giorno, facendo piccole cose fatte bene, tutti i giorni.

Ecco qui qualche consiglio per lavorare su di noi e iniziare il cambiamento.

## La donna bisognosa

- Non sceglie.
- Ha fretta.
- Ha paura di perdere il partner.
- Ha aspettative altissime.
- Ha bassa autostima.

***Fai fatica a scegliere?***

Se sei una donna che ha bisogno di amore, lo considera un riempitivo della vita e senza si sente incompleta; se fai fatica a scegliere perché chiunque ti rivolga attenzioni potenzialmente è la persona giusta per te, allora...

***Fai questo esercizio***

Scrivi cinque caratteristiche caratteriali che deve avere la persona giusta per te, tenendo conto che devi essere attratta fisicamente da questo uomo. Di cosa si tratta? Cosa ti attrae? Dolcezza, genialità, decisione, forza? Vorresti un uomo che si mostra sicuro nel lavoro o nella sfera intima? Oppure punti sulla progettualità e vuoi sposarti e avere dei figli? Concentrati su cinque caratteristiche, che diventeranno la tua bussola.

Ovviamente l'amore non è una formula o un calcolo razionale, perché quando è sano risulta come il perfetto equilibrio tra la nostra parte emotiva e razionale, ed è fondamentale provare anche attrazione fisica. Ma chiarire le proprie aspettative è comunque utile.

***Hai fretta?***

Se non vuoi perdere tempo con l'uomo sbagliato, perché tutte le persone attorno a te hanno già raggiunto quegli obiettivi di vita a cui anche tu punti, mentre sei ancora lontanissima dal traguardo; se già al primo incontro cerchi di capire se la persona che hai davanti potrebbe diventare un fidanzato, un compagno di vita, il padre dei tuoi figli, allora…

***Fai questo esercizio***

Prova a riflettere facendo una ragionevole previsione di cosa accadrà cedendo a quella fretta che senti dentro. Come si comporterà l'uomo che stai frequentando? Non pensi che sentirà la pressione e magari sceglierà di fare un passo indietro? Non rischi che il tuo interessamento nei suoi confronti sembri poco sincero, se a te interessa un fidanzamento e poi un matrimonio più che la persona che sta al tuo fianco? Sii onesta con te stessa: non stai rischiando di accontentarti della prima persona che ti dà le attenzioni che desideri? Che relazioni puoi aspettarti in futuro, a partire da questi presupposti?

Ripensa alle tue esperienze passate, aumenta la consapevolezza. Percorri tutti gli scenari possibili, quelli in cui ti ritroverai lasciandoti guidare da quella fretta. Davvero vuoi convincerti al primo appuntamento di avere davanti a te l'uomo della tua vita? Davvero vuoi vivere come la persona che rischia di perdere l'ultimo treno? Intendi davvero giudicare la tua vita paragonandola a quella delle amiche? Arriverai a porti una nuova domanda: e quindi come vorrei agire? La consapevolezza guida anche i nostri pensieri, e i nostri pensieri plasmano la nostra realtà. Se credi davvero che in quanto single tu non vali niente, ti comporterai di conseguenza.

***Sei terrorizzata all'idea di venire lasciata dal tuo partner e di restare single?***

Senti che senza un partner al tuo fianco non hai valore? Fondamentalmente, ti senti fortunata per essere stata «scelta» dal partner, che ai tuoi occhi appare come la persona più interessante possibile. L'amore per te è una conferma, ti fa sentire forte.

***Fai questo esercizio***

Scrivi su un foglio dieci motivi per cui un uomo dovrebbe innamorarsi di te e sceglierti. Non essere modesta: nessuno deve leggere ciò che scrivi. Concentrati su ciò che più stimi di te, ciò che ti rende unica e speciale. Attenzione, però: se hai una bassa autostima questo esercizio potrebbe farti sentire a disagio. Ma ti ricordo che il disagio è indice del fatto che si sta uscendo dalla propria zona di comfort, e forse nessuno più di te ne ha bisogno…

Potrebbe accadere che dopo due o tre righe tu sia tentata di posare la penna per mancanza di idee. Non arrenderti, non c'è una data di scadenza. Prendi il tempo che ti serve e arriva fino al decimo motivo. Arriva fino in fondo per vedere scritto nero su bianco perché l'uomo che ti sceglie sta prendendo la decisione migliore della sua vita. Ti sembra una frase esagerata? Ma se tu stessa non sei convinta, come potrà essere convinto l'uomo che incontrerai?

***Hai aspettative altissime?***

Se ti capita spesso di pensare frasi che cominciano con «Io al suo posto avrei fatto» oppure «Mi sarei aspettata che» o «Mi sarebbe piaciuto», significa che per te quei gesti che non sono arrivati erano davvero importanti. Ma le aspettative a volte sono sabotanti, perché quando pensiamo intensamente a qualcosa, per il nostro cervello quello diventa la realtà.

Pensare costantemente e con grande intensità emotiva al momento in cui lui dichiarerà il suo amore ha una conseguenza. Tu desideri con tutta te stessa che lui ti dica «Ti amo», e quel pensiero diventa così grande e intenso che il cervello si comporta di conseguenza, quasi vivendo quel momento che non è ancora accaduto. Nel tuo corpo si libereranno ormoni come l'ossitocina, che contribuisce a creare una connessione emotiva, ma anche serotonina ed endorfine. E se lui non si comporterà in linea con i tuoi sogni, ti ritroverai a provare frustrazione, delusione o rabbia.

Ma le tue aspettative sono impossibili da soddisfare, perché stai chiedendo a una persona che ancora sta imparando a conoscerti di intuire cosa sta accadendo nella tua testa e, soprattutto, di rispondere a un tuo bisogno – quello di sentirti amata – che di certo non riguarda lui. Per quanto tu possa nascondere questo tuo stato emotivo, è molto probabile che lui si accorga che in te c'è qualcosa che non va. Capirà che sei delusa o arrabbiata.

Ma è molto comune tra gli uomini aver bisogno di sentirsi importanti se non indispensabili. E come pensi che si senta l'uomo che in fondo non ha fatto nulla di male ma che scopre di non aver capito un tuo bisogno e di averti delusa? Gli stai dicendo che ha fallito. Non è una sensazione gradevole. L'allontanamento è ancora più probabile se l'uomo che hai incontrato è una persona sana ed equilibrata, perché capirà che tu lo stavi usando solo per soddisfare una tua mancanza, quel tuo bisogno d'amore che stai proiettando verso l'esterno.

***Fai questo esercizio***

Nutrire aspettative è umano, ma si può comunque imparare a gestirle.

Rifletti su quanto le aspettative possono avere un impatto sul tuo cervello e cerca di guardarle con un po' di distacco, razionalizzando. Sei uscita con un uomo una volta e già ti aspetti che lui ti scriva che sei la donna della sua vita? Bene, questo è un sogno. Nella realtà cos'è accaduto? Ti ha scritto, siete stati bene, magari vi siete anche baciati? Ottimo, giusto? Ha riconosciuto in te la sua anima gemella? No, ma non per questo devi metterlo in una situazione da cui preferisce allontanarsi velocemente.

Aggrappati alla razionalità per tornare con i piedi per terra e per distinguere la realtà dai tuoi sogni e dalle tue speranze. Resta fedele alla realtà e tratta le fantasie per quello che sono. Se la razionalizzazione non è sufficiente, puoi consapevolmente scegliere di ridicolizzare i sogni più lontani dalla realtà. Se ti ritrovi a fantasticare a occhi aperti e ti immagini a passeggio con lui su una spiaggia al tramonto, con un anello al dito, pronti al matrimonio, e siete solo al secondo appuntamento, potresti rovinarti da sola questo film mentale aggiungendo un dettaglio palesemente ironico. Immaginalo per esempio con un naso da clown, la voce ridicola, vestito in maniera assurda. Rovina i tuoi stessi sogni, quando invadono la tua vita in maniera pericolosa.

Sognare a occhi aperti è bellissimo, però si arriva spesso a un punto in cui il sogno diventa aspettativa, e questo rischia di rovinare la situazione che stai vivendo, compromettendola.

***Hai bassa autostima?***

Hai conosciuto qualcuno, il primo appuntamento è alle porte, una parte di te nutre aspettative e speranze sul fatto che possa esserci sintonia, mentre un'altra parte ti impone di non illuderti. Il passato insegna che fidarsi è la strategia migliore per restare delusi. Esci già pensando che tutto andrà male, perché in fondo è sempre stato così...

***Fai questo esercizio***

Prova a cambiare prospettiva. Non stai per incontrare il futuro padre dei tuoi figli, non avrai davanti a te la tua anima gemella, quella con cui trascorrerai il resto della tua vita. Non puoi saperlo, quindi mettiti in testa che stai semplicemente uscendo per trascorrere una bella serata. Nulla di più: non spingere oltre le tue aspettative.

Cosa significa la più bella serata possibile? Sei tu a deciderlo, ma in genere immagino sia un'occasione in cui ti ritrovi a ridere, ti senti a tuo agio, chiacchieri e ascolti cose interessanti. Poi torni a casa soddisfatta di te. Attenzione, non soddisfatta dell'appuntamento, ma proprio di te stessa.

Ovviamente le cose potrebbero non andare così, e tu potresti ritrovarti seduta con una persona che non è quella giusta per te o che ha un carattere difficile. Può succedere, siamo d'accordo, ma ti assicuro che, sorridendo e arrivando con le migliori intenzioni, aumenti le possibilità che la serata sia gradevole.

Tu per prima puoi influenzare l'ambiente e l'umore delle persone che incontri, contribuendo al successo dei momenti che vivi.

## La donna respingente

- Generalizza.
- Giudica.
- Cade nella trappola della supereroina.

***Generalizzi?***

Ti capita spesso di usare parole come «mai», «tutti», «sempre», «nessuno»? Ti faccio qualche esempio: nessun uomo vuole impegnarsi, tutti gli uomini sono inaffidabili, nessun uomo è disposto ad amare sul serio. Ti suonano famigliari? Sono generalizzazioni dannose, perché hai preso la tua esperienza personale, che essendo personale è per definizione soggettiva, e l'hai trasformata in un dato oggettivo.

***Fai questo esercizio***

Ti consiglio di imparare a farci attenzione, anche osservando te stessa, per diventare consapevole delle generalizzazioni che usi. Anche ammettendo che ti capita di farlo in un momento in cui ti stai sfogando – va bene, avrai le tue ragioni – prova a modificare la struttura della frase che usi. Fallo, consapevole del fatto che certi modi di dire sono respingenti per le persone che ci circondano e ci sentono parlare. Potresti dire che nella vita hai incontrato uomini traditori, ma per fortuna non tutti lo sono. Tra l'altro è la verità, perché è altamente improbabile immaginare che l'intera popolazione maschile sia traditrice.

Non pensare sia una cosa da poco, perché le parole hanno un grande potere. Educare la nostra mente a formulare le frasi in una certa maniera è molto importante, perché le parole che usiamo influenzano il modo in cui ci comportiamo. Come pensi che ti percepisca l'uomo che ti incontra per una serata, vedendoti sulla difensiva, impaurita e arrabbiata? È probabile che tu finisca per attrarre persone poco disponibili emotivamente, che finiranno per confermare la tua idea.

### *Perché giudichi?*

Probabilmente lo fai perché hai sofferto e ti senti legittimata, sei stata vittima della situazione e vuoi proteggerti. Ma c'è una cosa importante di cui siamo poco consapevoli: giudicando l'altro farai fatica a creare una connessione emotiva.

L'atteggiamento sprezzante nei confronti della persona che abbiamo davanti ci convince a mantenere una certa distanza: è poco interessante, io sono meglio... Ecco, questi sono pensieri che ti mettono su una sorta di piedistallo. Di sicuro non ti ritroverai a soffrire, perché hai creato tutte le condizioni per non andare oltre il secondo appuntamento. Lui sparisce e tu ne hai l'ennesima conferma: avevi ragione, l'amore causa continue delusioni... Ma con questo atteggiamento sei tu a perderci.

Immaginati al primo appuntamento, impegnata a fare una lista mentale di tutto ciò che è sbagliato in lui: non ha ringraziato il cameriere, non ti ha versato da bere, ha detto qualcosa che a te sembra un po' banale. Potresti anche avere ragione, ma di certo ti sei concentrata solo sugli aspetti negativi. Ti sei privata della possibilità di vedere anche il bello. Magari ti ascolta con attenzione e pensa che tu sia una persona molto interessante, ma tu sei troppo concentrata a proteggerti per concedergli quell'opportunità. Ti stai facendo lo sgambetto da sola. La serata sarà molto probabilmente mediocre e ti ritroverai a tornare a casa frustrata. Eh sì, gli uomini sono veramente pessimi!

***Fai questo esercizio***

Durante i primi appuntamenti concentrati solo sulle caratteristiche positive della persona che hai davanti. Soffermati sulle cose belle. Non corri grandi rischi, perché si tratta solo di qualche uscita, e poi comunque tu sei una persona capacissima di stare da sola, sei forte. Puoi anche permetterti un po' di ottimismo.

Questo modo di lavorare sul tuo atteggiamento ti porta

a una domanda importante: se tu ti fossi svegliata senza alcuna paura, senza paura di soffrire, di un tradimento, di investire tempo in una persona sbagliata, che cosa ti avrebbe resa felice? Successivamente rispondi a questa domanda, ancora più forte di quella precedente: cosa faresti se smettessi di avere paura? Cosa succederebbe?

**Concediti di sognare a occhi aperti, per una volta. Ricordati che la paura è ciò che si mette in mezzo tra la tua vita attuale e quella che sogni.**

Perché, ammettiamolo, tu desideri una relazione, altrimenti non usciresti con nessuno, giusto?

***Hai bisogno di sentirti una supereroina?***

Se cadi nella trappola di presentarti al mondo come la donna perfetta, se ti ritrovi a elencare quanto sei speciale, ogni obiettivo raggiunto, quanto successo hai ottenuto, e se soprattutto racconti solo questo di te e ne hai bisogno per presentarti al mondo, allora soffri della sindrome da supereroina.

Ma sono le nostre fragilità, il nostro essere vulnerabili e anche i nostri fallimenti a creare una vera connessione emotiva.

***Fai questo esercizio***

Ti consiglio di forzarti a parlare di te in modo più autentico, raccontando i successi ma anche i fallimenti, i traguardi ma anche le paure. Distingui la visione romanzata della tua vita da quella che include anche le ombre e le giornate più buie. L'amore parla un linguaggio funzionale quando sa essere autentico.

## Il mix: la donna respingente-bisognosa

Questo profilo riprende alcuni tratti di quelli precedenti, di cui abbiamo già parlato. Riguarda quelle donne che sono inizialmente respingenti ma poi diventano bisognose: all'inizio costringono l'uomo con cui stanno uscendo a superare prove per dimostrare le proprie buone intenzioni, e giustificano questo comportamento con le sofferenze e le delusioni subite in passato, che mettono lui nella condizione di non potersi lamentare. Poi, quando lui finalmente riesce a convincerla vincendo la reticenza iniziale, allora lei diventa bisognosa.

Prima di tutto devi capire in quale fase sei, e a quel punto puoi tornare agli esercizi delle pagine precedenti.

Voglio comunque darti un consiglio. Se i tuoi tratti principali sono quelli della bisognosa, lavora sulle tue aspettative, che in genere sono altissime e poco realistiche. Se invece trovi in te soprattutto un tratto respingente, bisogna evitare di cadere nella trappola delle prove, quelle a cui pensi di sottoporre l'uomo, con quella minaccia implicita per cui solo se riuscirà a superarle sarà degno di te e potrai dargli una possibilità.

Ti consiglio vivamente anche di stare alla larga da tutte quelle strategie che a volte ti imponi, magari seguendo il suggerimento di qualcuno, pensando che possano accendere la curiosità dell'uomo con cui stai uscendo. Mi riferisco per esempio all'idea di farlo ingelosire per verificare se lui tiene davvero a te. È un comportamento veramente infantile. Proprio come te, anche gli uomini non devono dimostrare nulla a nessuno, ma essere solo quello che sono.

**Chi pensa di trattenerti con strategie studiate a tavolino te lo sta dicendo chiaramente: è un gioco, non è amore.**

Voglio anche darti una prospettiva diversa. Immagina una relazione come un percorso da fare insieme, mano nella mano, guidati da un principio semplicissimo: quello della conoscenza reciproca. È una strada che potrà portarvi a decidere se vi piacete oppure no. E se così non fosse, non significa che l'altra persona valga meno di te o che tu valga meno di lui. È solo una questione di gusti. Non piacere a qualcuno non ti qualifica come meno valida.

***Fai questo esercizio***

Decidi tre caratteristiche che davvero non puoi accettare di un uomo e scrivile su un foglio; possono essere fisiche, caratteriali, quello che vuoi tu. L'importante è che siano tre. Poi sii coerente: se l'uomo con cui stai uscendo ha una di queste tre caratteristiche, va bene, evidentemente non è una persona giusta per te. Se però non le ha, ammetti che non c'è ragione di sottoporlo a nuove prove.

Insomma, chiarisciti le idee tu per prima, per evitare di confondere l'altra persona.

# “ Posso cambiarlo. ”

*E perché mai? Non l’hai certo rovinato tu, non è compito tuo farlo... E forse lui non ha neppure intenzione di cambiare.*
*Impara il limite tra aiutare e sacrificare la tua vita per una missione che nessuno ti ha chiesto di portare a termine.*

# È solo attrazione o innamoramento?

Distinguere l'attrazione dall'innamoramento è importante per chi fa fatica ad approcciarsi all'amore sano. Sento spesso parlare di chimica, ma poi andando più in profondità mi rendo conto che si usano le parole in maniera sbagliata, quindi ho deciso di far luce su questo aspetto essenziale.

Che cos'è l'attrazione? È la spinta che ci porta a connetterci con altre persone. È un punto fondamentale, perché spesso lo sento usato per riferirsi all'attrazione che qualcuno prova nei confronti di un potenziale partner. Ma noi siamo attratti in continuazione dalle persone, e molte di esse non saranno mai partner nel senso romantico del termine. Basta pensare ai nostri migliori amici: c'è un'attrazione, quella che ci ha permesso di creare un legame e una connessione forte, ma senza alcuna sfumatura sessuale.

**L'attrazione, di qualunque genere, è sempre influenzata da quattro elementi: ciò che abbiamo vissuto, l'educazione sentimentale ricevuta, il fattore biologico e quello chimico.**

## Ciò che abbiamo vissuto

La nostra storia personale ha un'influenza sul nostro presente, di cui spesso siamo poco consapevoli. In quanto esseri umani tendiamo inevitabilmente a essere attratti da ciò che ci risulta familiare, e a pensarci bene si tratta di una strategia di sopravvivenza che abbiamo ereditato dai nostri antenati. Da ciò che è familiare sappiamo cosa aspettarci, quindi ci sembra più sicuro, meno minaccioso. Il nostro cervello accentua questa tendenza perché segue una logica di economia: laddove può, evita il cambiamento e preferisce restare nell'ambito di ciò che già conosce.

Possono esserci però delle conseguenze negative. Se siamo cresciuti in una famiglia con dei genitori assenti, se le nostre figure di riferimento quando eravamo bambini erano persone emotivamente distanti, se ci siamo abituati ai silenzi e alle scarse manifestazioni di affetto, quelle situazioni hanno creato in noi una sorta di consuetudine. Anche se siamo consapevoli di quanto certi elementi della nostra infanzia abbiano lasciato insicurezze e dolore, e anche se quel dolore abbiamo imparato a elaborarlo, abbiamo interiorizzato quella particolare definizione di amore, con un legame costruito con una persona assente. Di conseguenza può essere che, crescendo, finiamo per essere attratti da persone che ripropongono dinamiche conosciute. Così la nostra attrazione si sveglia per chi ha poco desiderio di impegnarsi, o che ha una vita lavorativa densa che lo tiene impegnato. Non importa quanto certe dinamiche in passato ci abbiano ferito, e magari ci feriscono ancora oggi: conosciamo quella dinamica e tendiamo a ripeterla.

Problemi di questo tipo devono essere affrontati con figure professionali preparate, ma è bene comunque esserne consapevoli.

## La nostra educazione sentimentale

Ciascuno di noi riceve un'educazione sentimentale diversa, che risente dell'ambiente e della cultura in cui è cresciuto. La nostra famiglia di origine avrà caratteristiche diverse a seconda del luogo in cui ci troviamo, e non è difficile immaginare differenze tra chi è nato e cresciuto nel nord dell'Europa rispetto a chi invece è nato e cresciuto al sud. Esistono tradizioni e abitudini differenti tra loro, che facciamo nostre e tendiamo a dare per assolute e «giuste».

Metterle in discussione è tutt'altro che facile. Chi è cresciuto in una realtà in cui le donne generalmente non lavorano, dipendono economicamente dal marito e non hanno voce in capitolo sulle questioni che riguardano la famiglia, impara dall'esempio dei propri genitori e penserà che quella sia la normalità. Sarà difficile trovare attraente un modello sentimentale completamente diverso.

## L'elemento biologico e quello chimico

Nonostante l'evoluzione della specie, restano in noi alcuni istinti che ci accompagnano sin dall'alba dei tempi, tra i quali quello alla riproduzione. Abbiamo una naturale tendenza a portare avanti la specie umana, benché oggigiorno nella nostra società sia assolutamente legittimo non desiderare figli e scegliere di non averne.

Il nostro corpo concorre all'evoluzione della specie in modi che neanche immaginiamo. Prendiamo l'olfatto: una donna, tramite questo senso, può farsi un'idea del sistema immunitario di un uomo nei primi secondi del primo incontro. Ovviamente nessuno di noi si mette ad annusare un possibile partner, ma si tratta di meccanismi che scattano in maniera inconscia. L'attrazione risente anche di questa componente.

Ricordiamo poi che esistono tre tipi di attrazione – fisica, mentale ed emotiva – e l'amore sano le prevede tutte. Una potrà prevalere sulle altre due, soprattutto all'inizio: per qualcuno potrebbe essere l'attrazione fisica, per qualcun altro invece quella mentale.

La chimica è la fase iniziale dell'amore, e come l'amore ha bisogno di tutte e tre le attrazioni.

**Una persona che si innamora in modo sano prova sia attrazione fisica che mentale ed emotiva.**

Voglio concludere riprendendo un concetto di cui abbiamo già parlato, ma che forse ora risulterà più chiaro. Proprio perché ognuno di noi è attratto da ciò che gli risulta simile, significa che l'essere umano è più attratto dalla vulnerabilità che dalla perfezione. Quindi, tutte le volte che stiamo uscendo con una persona e sentiamo in qualche modo di doverci mostrare perfetti, non stiamo facilitando il processo di attrazione.

**“Non sei tu
che devi abbassare
i tuoi standard.
Sono gli altri che
devono alzare i loro.”**

# Le cinque fasi dell'innamoramento

Quando ci innamoriamo sembra di vivere qualcosa di straordinario, unico, quasi magico. Pare strano quindi pensare di poter delineare una sorta di teoria dell'amore capace di razionalizzare un'esperienza che di razionale ha ben poco.

Eppure ci sono alcune fasi che tendono a ripetersi. Esatto, si tratta di cinque momenti che accompagnano l'evoluzione dei nostri sentimenti. Questo significa anche che l'espressione «amore a prima vista» si riferisce a qualcosa che non esiste. È un mito da sfatare, perché ci illude che sia possibile accendere l'amore dal nulla, con uno sguardo. Sicuramente esiste l'attrazione fisica a prima vista, quella sì, ma l'amore è qualcosa di molto più complesso, caratterizzato da cambiamenti che avvengono in noi, legati agli ormoni e anche alla dinamica che stiamo vivendo con l'altra persona. Non sono cambiamenti che avvengono in una manciata di secondi.

Quindi, cosa accade quando ci innamoriamo?

Lasciando da parte la poesia, potremmo affermare che l'innamoramento è una questione di chimica che vede coinvolti il testosterone, prevalente per l'uomo, e gli estrogeni, per la donna. Questi ormoni coinvolgono la sfera sessuale; ecco perché quando ci innamoriamo proviamo attrazione fisica verso quella persona. È coinvolta poi l'ossitocina, che favorisce i legami emotivi e la connessione, regalandoci il desiderio di stare insieme. E c'è anche la dopamina, il neurotrasmettitore che favorisce le sensazioni di piacere: abbiamo voglia di provarlo e riviverlo.

**Difficile però limitare a un elenco di sostanze chimiche qualcosa di complesso come l'amore.**

Proviamo quindi a cambiare prospettiva e andiamo a scoprire cosa succede quando incontriamo una persona che accende il nostro interesse.

Sicuramente sono coinvolte le tre attrazioni che abbiamo citato prima: fisica, emotiva e mentale. La conoscenza reciproca continua e si fa più profonda, e noi riconosciamo un sentimento sempre più forte – sì, ora sappiamo anche

che si tratta del risultato di numerosi processi chimici che avvengono in noi.

Però non è ancora amore. Viviamo una fase di idealizzazione del partner, che ci appare come una persona perfetta, e anche di questo sono responsabili gli ormoni. Sarà la quotidianità a riportarci con i piedi per terra, perché sicuramente avverranno episodi e situazioni a restituirci una più oggettiva visione delle cose.

No, nessuno è perfetto, neppure la persona che stiamo frequentando. Si tratta di un punto di rottura importante, che può arrivare dopo un mese o anche più dall'inizio della frequentazione, e sarà come risvegliarsi da un sogno in cui eravamo scivolati. Cominciamo a vedere la persona davanti a noi con tutti i suoi limiti, i difetti e le mancanze.

La fase della scoperta è finita, e noi cominciamo a vedere l'altro come una persona reale. È un momento importantissimo, che ci costringe ad affrontare le prime incomprensioni, i confronti e la realtà, per quanto dura essa sia: stare insieme richiede una buona dose di fatica e impegno. Ci saranno aspetti nuovi da considerare, come la comunicazione, i valori, i progetti di vita che vanno valutati insieme.

In questa fase è consigliabile riuscire a condividere più o meno esplicitamente obiettivi e a fissare delle regole. So che suona davvero poco romantico e in genere è più bello pensare che l'amore proceda naturalmente, ma non è così che funziona. Nella fase di scoperta dell'altro possiamo capire, facendo affidamento sulla nostra razionalità, se quella persona è davvero giusta per noi. Quando parlo di regole mi riferisco in generale alle aspettative reciproche, a ciò che riteniamo accettabile o inaccettabile. È un modo per capire se si condividono gli stessi valori. Ed è anche un modo per mettersi alla prova. Se quella prova viene superata e c'è la volontà di restare insieme, entriamo nella fase dell'amore vero e proprio. Sì, c'è una differenza tra innamoramento e amore. A separare questi due momenti c'è la fase della scoperta e il momento della decisione consapevole. L'amore infatti è una scelta consapevole di felicità. È quello che accade quando due persone si sono viste e, nonostante questo, decidono di continuare insieme, di investire nella relazione.

## L'amore non è casuale.

Non accade mai che ci si distragga e, quasi senza rendercene conto, ci si ritrovi coinvolti in una storia d'amore. Talvolta l'amore accade quasi senza che noi ce ne accorgiamo, sì, ma è qualcosa che riguarda le persone con un'alta autostima, una buona consapevolezza e una solida educazione sentimentale.

Fatta questa premessa, possiamo vedere nello specifico le cinque fasi dell'amore, per diventare più consapevoli di quello che potremo vivere e affrontarlo così al meglio.

## 1. Presenza

Mi riferisco alla modalità in cui l'altro è presente nella nostra vita e noi siamo presenti nella sua. Per presenza non intendo quella fisica con i momenti trascorsi insieme, o digitale con i messaggi e le telefonate fatte; parlo di una presenza più profonda, anche emotiva.

Facciamo un esempio: so che oggi hai una visita medica, quindi non solo mi ricordo del tuo appuntamento, ma ti chiedo anche com'è andata, perché voglio che tu sappia che mi importa e che ci tengo. In questo senso la presenza non si esaurisce con un messaggio sbrigativo tipo: «Ehi, com'è andata?» Implica un coinvolgimento e un impegno maggiori, che si manifestano in molti piccoli gesti.

**Chi ti dice «Non ho tempo»**
**ha lo stesso tempo che hai tu,**
**solo che ha deciso di usarlo per qualcun altro.**

## Esercizio

**Qui di seguito alcune domande per capire se il partner è presente.**

- **Quando sei triste, lo sa?**
- **Hai bisogno d'aiuto: devi chiedere o lo capisce?**
- **Non ci sei perché hai un problema in ufficio. Te lo fa notare in modo stizzito o capisce la situazione?**
- **Il mese sta finendo, non è ancora arrivato lo stipendio ma siete usciti comunque a cena. Paga lui/lei e tu offrirai la prossima volta o non si accorge del tuo disagio?**
- **Devi disdire una serata, perché una persona cara ha bisogno di te. Ci resta male o si offre di passarti a prendere per riportarti a casa?**

## 2. Costanza

La presenza però di per sé non basta; deve anche protrarsi nel tempo, in maniera continuativa: ecco quindi l'importanza della costanza. Esserci per qualche giorno, per una settimana o nei weekend non è sufficiente. Se la persona al nostro fianco sparisce per interi periodi, allora non possiamo parlare d'amore. L'amore non è intermittente, non si incastra nei momenti vuoti a riempire le giornate in cui non c'è nulla di meglio da fare.

**L'amore non è intermittente:**
**chi sparisce a momenti, merita di sparire del tutto.**

Ovviamente dobbiamo fare attenzione alle nostre aspettative: una persona insicura magari vorrebbe ricevere messaggi quotidiani perché ha bisogno di rassicurazioni, e ci resterà male se non li riceve. Rispondere alla domanda: «Quanto abbiamo bisogno di sentire la presenza dell'altro per sentirci amati?» ci aiuta a riflettere su ciò che ci aspettiamo, magari per scoprire di essere persone bisognose, con esigenze non del tutto giustificate nelle prime fasi del rapporto.

La costanza va infatti misurata rispetto alla situazione. Da chi abbiamo appena conosciuto non possiamo aspettarci che si faccia sentire ogni giorno, magari con risposte immediate. Ci sta ancora conoscendo e non può vivere per noi. Anzi, sarebbe strano se lo facesse, al punto che potremmo chiederci se abbiamo davanti un *love bomber*, qualcuno che ci vuole lusingare con un eccesso di attenzione.

Non esiste una regola, ciascuno è diverso e le esigenze sono soggettive, ma alcuni segnali sono comunque indicativi. I primi giorni ti scriveva ininterrottamente e a due settimane di distanza invece non si fa più sentire? È legittimo sospettare che abbia perso interesse… Senza saltare a conclusioni affrettate, possiamo comunque farci qualche domanda e cercare risposte.

# Esercizio

**Qui di seguito alcune domande per capire se la presenza del partner è costante.**

- **Racconta che ha troppi impegni e a volte davvero non ha tempo per te?**
- **Capita spesso che faccia saltare all'ultimo un appuntamento?**
- **Non è colpa sua, fa un lavoro che prevede lunghi periodi fuori casa. Ripete spesso questa frase?**
- **Sei sempre tu che ti fai sentire?**
- **Capita che telefoni e il tuo partner non risponde?**
- **Capita raramente che prenda l'iniziativa per invitarti a uscire?**

## 3. Progettualità

Sono i progetti fatti in comune, che ovviamente saranno proporzionati alla fase del rapporto in cui siete, a cominciare dal proiettarvi nel futuro. All'inizio si tratterà di progettare insieme un weekend, ma con l'andare del tempo e l'evolversi della relazione è naturale decidere di guardare a un orizzonte temporale più ampio e sentirsi abbastanza forti da farsi carico di progetti più complessi e impegnativi, come una convivenza o una casa in comune.

La progettualità è in generale un buon indicatore per valutare una relazione. Se frequentiamo una persona da un mese e lei parla già di anelli di fidanzamento, allora forse qualcosa non va; questo vale anche se siamo noi a fare grandi progetti con persone che conosciamo appena. Esempio: se immagini già di avere dei figli con la persona che vedi da pochi giorni, probabilmente c'è da lavorare sulla tua sicurezza, così come potresti farti qualche domanda se al contrario la progettualità nel tempo non cresce.

Sarà comprensibilmente piccola all'inizio, ma dovrà aumentare e farsi più seria con il passare del tempo. Se stiamo insieme a una persona da tre anni e progettiamo solo weekend, e quella persona vuole di più, significa che abbiamo prospettive diverse. La progettualità è fondamentale perché permette di capire quanto siamo collegati, quanto la vediamo allo stesso modo, quanto siamo sulla stessa lunghezza d'onda e se la relazione sta andando avanti oppure no.

**Non è amore se ci si dà per scontati,**
**perché l'amore non è mai scontato.**

## Esercizio

Qui troverai alcune domande su cui riflettere per valutare la vostra progettualità.

- Riesci a immaginarti nel futuro, ma non osi parlargliene?
- Fatichi a coinvolgere l'altra persona anche solo per un weekend fuori porta?
- Sembra che abbiate stili di vita inconciliabili?
- Non può rinunciare agli amici e al tempo libero, quindi meglio non fare programmi?
- Afferma di essere una persona che vive alla giornata?
- Dà la colpa all'incertezza generale, che rende difficile pensare al futuro?

## Presenza, costanza e progettualità. E poi?

Presenza, costanza e progettualità seguono l'ordine che abbiamo visto: non si può avere una progettualità senza presenza – altrimenti con chi sto progettando? – né si può avere progettualità senza costanza. Che progetto posso fare con una persona che si fa sentire qualche volta e poi sparisce? Per le ultime due fasi invece non c'è un ordine preciso.

## 4. Inserimento

Partiamo dall'inserimento, il momento in cui la persona che frequentiamo ci presenta agli amici, alla famiglia e alle persone a cui più tiene. Noi faremo lo stesso. In questo modo si diventa sempre più coinvolti nella vita dell'altro.

Alcune coppie stanno insieme da tempo ma non hanno mai affrontato questo passo. È un segnale preoccupante, soprattutto se non ci sono valide ragioni per evitare le presentazioni; per «valide ragioni» intendo per esempio se c'è un cattivo rapporto con la propria famiglia e quindi si preferisce tenere i parenti lontani dal partner. In mancanza però di una situazione del genere, che comunque dev'essere spiegata e condivisa, evitare l'inserimento è probabilmente un modo per mantenersi degli spazi di libertà dalla persona con cui abbiamo una relazione.

## 5. Esclusività

Questa è una fase molto delicata. Le persone che si amano arrivano a capire che l'altro è la «migliore opzione», quindi accettano che la relazione sia esclusiva. Sembra cinico dirlo in questa maniera, ma la decisione di non vedere più altre persone e di stare esclusivamente con il partner che abbiamo scelto nasce comunque da una valutazione, fatta più o meno consapevolmente.

Sappiamo che in teoria sarebbe bello poter continuare a guardarci intorno e flirtare ma, se lo facessimo, perderemmo la fiducia di quella persona con cui riusciamo a immaginarci nel futuro. La relazione vale più del piacere di tenere aperte altre strade. Spesso questa valutazione avviene in maniera del tutto inconscia: semplicemente perdiamo interesse nei confronti di chiunque altro, perché siamo innamorati.

Qualcuno mi chiede se occorre dirselo. Io credo che sia meglio farlo, per chiarezza e per non rischiare incomprensioni su un tema così fondamentale, e anche per scoprire se siamo allineati. Quindi ci si fa coraggio, si vince la paura del rifiuto e si affronta apertamente l'argomento, con parole semplici, senza girarci intorno. Personalmente lo vedo anche come un gesto di maturità emotiva, che comunque quasi sempre arriva quando la relazione è a uno stadio abbastanza avanzato da permetterci di avere un'idea chiara sulle aspettative dell'altro.

È molto probabile che affronteremo quell'argomento quando sapremo che l'altro ci dirà: «Per me è già così». Ognuno comunque affronterà questo momento come crede. C'è chi non se lo dice esplicitamente, ma presenta il partner come «il mio compagno» o «la mia compagna». Lasciare ambiguità sulla questione al contrario non è una buona idea, perché significa restare in uno stato di sospensione in cui non sappiamo davvero cosa aspettarci dalla relazione che stiamo vivendo.

Tantissime persone hanno paura di innamorarsi, molti hanno paura di restare delusi o feriti. Non c'è però altro modo per raggiungere un giorno l'amore vero.

**“ Allontanati,
ma non per dare una
lezione a chi ti sta vicino.
Allontanati perché l’hai
capita tu. ”**

# Come creare una connessione emotiva

C'è un elemento importantissimo che ci accompagna nelle cinque fasi dell'amore: la connessione emotiva. Gioca un ruolo determinante all'inizio, ma poi aiuta ad avanzare verso l'amore vissuto nella sua pienezza.

Immaginiamo di essere nella fase della conoscenza; ci stiamo frequentando con una persona, ci stiamo piacendo, c'è una reciprocità di interesse. Come fare per aumentare le possibilità che la frequentazione diventi una storia esclusiva?

## Non giudicare

Siamo usciti con una persona che decide di raccontarci la sua storia, condividendo anche dettagli personali. Ci mostra così le sue vulnerabilità, gli errori commessi, i momenti in cui le cose non sono andate come avrebbe voluto. Bisogna prima di tutto riconoscere che per raccontarsi in questa maniera ci vuole coraggio. È qualcosa di estremamente complesso, che riescono a fare le persone che non temono il proprio passato, ed è anche un grande gesto di fiducia che non dovremmo tradire.

Ricambiare questa enorme onestà con il nostro giudizio, sentendoci forti di qualche verità che crediamo di possedere, trasmette immediatamente alla persona che si è aperta un messaggio piuttosto violento: si è mostrata a noi e noi rispondiamo con una critica, insinuando che è «sbagliata».

«Già, Fede, ma io stavo dando il mio parere con le migliori intenzioni» potrebbe dire qualcuno.

Ovviamente ciascuno di noi ha un'opinione, è naturale. E non sto certo consigliando di mentire, trasmettendo un messaggio che suona come «Hai ragione su tutto, il mondo è crudele e ai miei occhi tu vai comunque benissimo». Possiamo non essere d'accordo su alcune delle scelte fatte da quella persona – d'accordo, magari avremmo fatto meglio – ma non è questo il punto. Chi si confida con noi non lo fa per sentire il nostro giudizio. Giudicare è la maniera migliore per non far scattare la connessione emotiva.

Quindi, che fare?

L'essere umano non ha bisogno di essere salvato, ha

bisogno di essere capito. Davanti a una confidenza dovremmo rispondere con comprensione, ascolto, empatia. Ascoltare la storia altrui sospendendo il giudizio ci porta a ricordare situazioni simili che anche noi abbiamo vissuto, e soprattutto emozioni affini che anche noi abbiamo provato. Riviviamo ciò che ci ha fatto male, ricordiamo i nostri errori e i nostri fallimenti. «Ti capisco» è la frase che ci verrà naturale pronunciare.

Arriveremo a scoprire che c'è qualcosa che ci unisce in passato. E questo ci fa immaginare che potrebbe esserci altro a unirci in futuro.

Per concludere, ecco le frasi da non dire:

- «Te l'avevo detto.»
- «Te la sei cercata.»
- «Sei stato ingenuo.»
- «Io ti avrei consigliato meglio.»

## Ascolta

Ascoltando un'altra persona la facciamo sentire vista, importante. L'ascolto attento e coinvolto trasmette alla persona che ci sta parlando un messaggio chiarissimo: siamo interessati a lei e a ciò che ci sta dicendo.

A volte crediamo di ascoltare, ma non lo stiamo facendo nella maniera migliore; anzi, magari stiamo dando l'impressione opposta. Un buon ascoltatore non interrompe, lascia finire il discorso, non ha fretta di dire la sua, non alza la voce, si prende il tempo di riflettere prima di parlare.

«Ma io racconto molto per farmi conoscere meglio.»

Questo capita soprattutto all'inizio di una relazione, quando si ha fretta di mostrarsi. Allora ci ritroviamo a fare lunghi e noiosi monologhi, che non lasciano spazio all'altra persona. Questo è un errore, perché significa che proprio nelle prime fasi della relazione non ci lasciamo guidare dal principio di reciprocità: parlo, pretendo che l'altro mi ascolti, ma non gli lascio la possibilità di essere a sua volta ascoltato.

## Riconosci ciò che è speciale

Questo punto è rivolto principalmente – ma non esclusivamente – alle donne. Rinunciate a essere viste come la «principessa nella torre» che può essere raggiunta solo dopo infinite prove. Smettete di pretendere che il partner vi dimostri le sue serie intenzioni e impegnatevi piuttosto a diventare parte attiva della conoscenza.

«È lui che deve scrivermi per primo, perché uomo»: questa frase l'ho sentita tante volte, e per me è la rappresentazione migliore della «principessa nella torre». No, non sta scritto da nessuna parte che devono essere gli uomini a rivolgere un complimento. Non abbiate paura di mettervi in gioco e di abbandonare questi rigidi ruoli. E ricordate che il complimento ha un vantaggio: valorizzare i gesti dell'altro significa anche far capire che cosa ci piace, indirizzandolo e guidandolo.

## Mostra le tue vulnerabilità

Nell'era della performance, dove dobbiamo essere tutti perfetti, con vite stupende senza nessun problema, io trovo che sia fondamentale mostrare le proprie vulnerabilità. Come abbiamo visto, l'attrazione si basa su ciò che è simile a noi; e no, non siamo attratti da ciò che è diverso. Ma nessuno è perfetto, quindi mostrarci come supereroi invincibili ci condanna alla solitudine, perché è improbabile che la persona con cui stiamo uscendo riesca a empatizzare.

## Mantieni la tua indipendenza

«Se mostro le mie fragilità e faccio sentire l'altro speciale, rischio di sembrare una persona che ha così bisogno del suo amore da perdere interesse ai suoi occhi.»

Questo timore si basa su un errore a monte: stiamo immaginando che la persona con cui usciamo non ci desideri per come siamo fatti, ma ci veda come una conquista, una sfida da vincere.

Se così fosse – talvolta accade, è vero – la relazione avrebbe comunque ben poco futuro. Puoi continuare a recitare il ruolo della principessa nella torre, ma non puoi fare un passo oltre. Nel momento in cui aprirai le porte per accoglierlo, lui avrà vinto la sua sfida e perderà interesse nei tuoi confronti.

La strategia migliore per evitare di incappare in questo genere di persone è proprio mostrarti vera e autentica. Forse all'inizio potresti far fatica a dosare la tua sincerità, e potrebbe accadere che qualche volta mostri un po' troppo di te, troppo presto, cosa che potrebbe intimidire e spaventare l'altro. Ma puoi imparare a dosare ciò che riveli.

**Se devi fingere di essere qualcuno che non sei, non merita di conoscere chi sei per davvero.**

In ogni caso potrai sempre contare sulla tua indipendenza, elemento capace di bilanciare tutte le aperture che sei stata disposta a fare nei confronti dell'altro.

Le persone con bassa autostima tendono ad annullarsi pur di seguire chi mostra interesse nei loro confronti. È una dinamica sbagliata e anche molto evidente: l'altro si accorge immediatamente di averti ai suoi piedi. Eri una persona interessante prima di trovare lui; mantieniti interessante anche dopo.

Per quanto l'interesse reciproco sia intenso, per quanto sia grande la voglia di trascorrere insieme ogni momento, non sacrificare la tua indipendenza. Non stravolgere la tua vita per una persona che magari conosci da poco. Questo significa restare liberi e mantenere fascino. E, se le cose non dovessero andare bene, avrai comunque la tua vita di prima a cui tornare.

Molte volte mi è capitato di incontrare persone che conoscevano questo principio in teoria, ma poi faticavano a metterlo in pratica. Provo a usare una metafora. Immagina che l'amore si basi sull'equilibrio: è come una danza, un ballo di coppia in cui si fa un passo alla volta, prima l'una e poi l'altro. Dev'esserci armonia ed equilibrio, e funziona se ciascuno contribuisce al movimento. Se sei una persona che tende a bruciare le tappe, che ha impazienza e vorrebbe accelerare tutta la prima parte della relazione, pensa a voi come a due ballerini: se sei solo tu a muoverti non è danza, è salto in alto.

E se cadi, potresti farti molto male.

**Lasciare andare a volte è duro, perché sembra di dover rinunciare a una parte di sé. Ma quelle emozioni le hai dentro, devi solo trovare qualcuno che le meriti.**

# Lettera a te stesso

Adesso siediti comodo e chiudi gli occhi. Rilassati e immagina di percorrere un lungo corridoio, in fondo al quale c'è la sala di un cinema, vuota. È tutto in penombra, tranne una poltroncina centrale, illuminata da un fascio di luce. Siediti lì.

Sullo schermo comincia a scorrere il film della tua vita, con i momenti belli e brutti, a cominciare dai ricordi d'infanzia. Ci sono tutte le tue prime volte, i giorni migliori, i primi dolori. Stai ripercorrendo tutto quello che hai vissuto, per quanto possibile, fino al presente.

Fino a ora.

Quello che è stato ti ha portato qui, a stringere questo libro tra le mani e a leggere queste parole. È il momento di guardare avanti. La pellicola si è interrotta, lo schermo davanti a te è bianco come la prossima pagina. Il domani è ancora da scrivere.

La mia più grande speranza è che la lettura di queste pagine abbia dimostrato che il cambiamento è possibile. Mi auguro di averti dato gli strumenti per metterti in grado di continuare il percorso, da qui in avanti. Concludo quindi guardando al futuro, con un esercizio.

L'ultima pagina di questo libro la scriverai tu. Dev'essere una lettera a te stesso, in cui racconti a che punto sei oggi e dove vorresti ritrovarti tra un anno. Sii onesto, perché nessuno al di fuori di te leggerà le tue parole. Taglia quindi la pagina del libro, o scrivila su un foglio bianco, e infilala in una busta che chiuderai, scrivendoci sopra la data di oggi. Tra un anno esatto dovrai riaprirla. Se ti riconoscerai nella persona che hai descritto, significherà che non sei cambiato. Se faticherai a riconoscerti, invece, vorrà dire che hai lavorato duramente. Ed è questo che ti auguro.

Allora in bocca al lupo: il tuo viaggio inizia qui.

# Lettera a me stesso

# Ringraziamenti

Scrivere questo libro è stato un viaggio intenso, fatto di riflessioni, incontri e nuove consapevolezze. Ma nessun percorso è davvero solitario, e il mio è stato accompagnato da persone che hanno avuto un ruolo fondamentale.

Grazie ai miei genitori, Laura e Maurizio, e a mio fratello Tommaso: il vostro sostegno incondizionato e la vostra fiducia in me sono stati la base solida su cui ho costruito ogni passo del mio cammino. Senza di voi, nulla di tutto questo sarebbe stato possibile.

Un grazie speciale va anche a Linda, una persona straordinaria che sta condividendo con me questo viaggio. La tua presenza rende tutto più significativo.

Questo libro è anche vostro.

PEFC
PEFC/18-31-226
Certificato PEFC
Questo prodotto è realizzato con materia prima da foreste gestite in maniera sostenibile e da fonti controllate
www.pefc.it

GRAFICA VENETA
CARBON NEUTRAL

Questo libro è fabbricato da Grafica Veneta S.p.A.
con un processo di stampa e rilegatura certificato 100% carbon neutral
in accordo con PAS 2060 BSI

Finito di stampare presso Grafica Veneta S.p.A.
Via Malcanton, 2 – Trebaseleghe (PD)
su carta HOLMEN
con fibra vergine proveniente da foreste sostenibili holmen.com/paper
Printed in Italy